Les Animaux
prédateurs

Cet ouvrage est l'adaptation française de
Insiders Predators

Première impression : 2007

Directeur Général : John Owen
Président-Directeur Général : Terry Newell
Éditeur : Sheena Coupe
Directeur artistique : Sue Burk
Développement : John Bull, The Book Design Company
Coordination éditoriale : Mike Crowton
Vice-Président, Ventes internationales : Stuart Laurence
Vice-Président, Ventes et développement : Amy Kaneko
Vice-Président, Ventes Asie et Amérique latine : Dawn Low
Administrateur, Ventes internationales : Kristine Ravn

Éditeur du projet : Lachlan McLaine
Designers : John Bull, The Book Design Company

Édition française

Traduction : Frédéric Ploton
Lecture-révision : Edith Zha
ISBN : 978-2-03-583456-0
N° de projet : 11003921
Dépôt légal : mars 2008

Reproduction des couleurs par Chroma Graphics (Overseas) Pte Ltd
Imprimé en Chine par SNP Leefung Printers Ltd

À la loupe

Les Animaux prédateurs

John Seidensticker et Susan Lumpkin

Sommaire

Panorama

Le cycle de la vie

Un monde de prédateurs 8

Les tueurs du passé 10

Les espèces disparues 12

Les proies contre-attaquent 14

Armes naturelles

Becs et dents 16

Griffes et serres 18

Crochets et venin 20

Taille et force 22

Vie et mort : à toute allure 24

L'instinct du tueur

Association de malfaiteurs 26

Cachettes et pièges 28

Les plantes carnivores 30

Les sens en éveil 32

Tueurs créatifs 34

Zoom sur

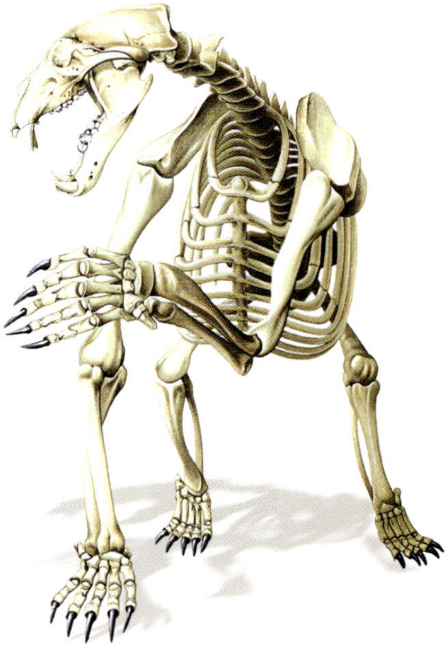

Le haut de la chaîne alimentaire

Chasseurs nés : les félins 38

Tout en force : les ours 40

Chiens sauvages et loups 42

Rois des mers : les requins 44

Alligators et crocodiles 46

Les oiseaux de proie 48

Le repère des prédateurs

Sous le feuillage des forêts tropicales 50

Dans la chaleur des déserts 52

Sous et sur la glace : le monde polaire 54

Sous la mer : les barrières de corail 56

Les grandes plaines 58

Divers prédateurs 60

Glossaire 62

Index 64

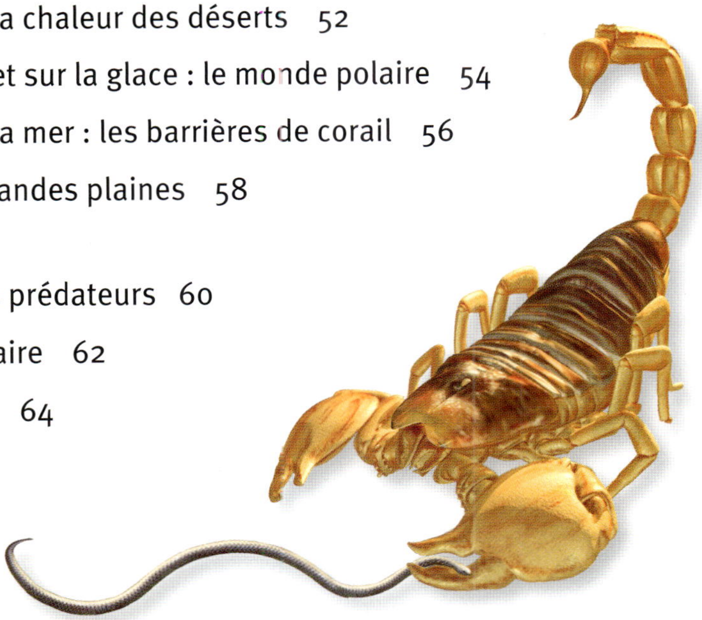

Panorama

Un monde de
prédateurs

Les prédateurs se nourrissent de proies animales capturées vivantes. Quand on évoque les prédateurs, on songe aux lions ou aux requins, ces animaux qui n'en craignent aucun autre, au sommet de la chaîne alimentaire. Mais tous les animaux sont, à leur échelle, des prédateurs. Les herbivores, qui ne se nourrissent que de plantes, sont désignés comme des consommateurs primaires tandis que, tout en bas de la chaîne alimentaire, on trouve les producteurs, bactéries, plantes, algues, qui fabriquent leur propre nourriture à partir de dioxyde de carbone et de la lumière du soleil. Plus une espèce se situe haut dans la chaîne alimentaire, moins ses représentants sont nombreux (par exemple, les loups).

Manger, être mangé

Au sommet de la chaîne alimentaire, les grands prédateurs mangent d'autres animaux mais ne sont jamais eux-mêmes dévorés. Au milieu de la chaîne, les animaux sont à la fois prédateurs et proies.

Du requin à la crevette
Un énorme requin croque un poisson, lequel se nourrit de crevettes. La crevette, elle, se régale de petits animaux, de plantes et de quelques déchets.

Pyramide alimentaire des océans
À la base, on trouve le phytoplancton, des plantes vertes très abondantes. Au sommet, beaucoup plus rares, se situent les requins.

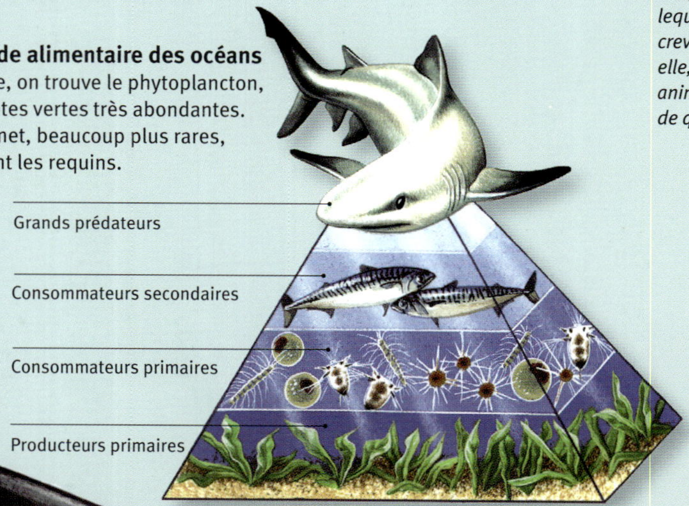

De l'autour à la souris *Un autour des palombes saisit ici un serpent, mais il peut également se satisfaire de mammifères tels que le lapin. Quant au serpent, il se délectera d'une souris des champs, repue de graines.*

Du puma au lézard *Un puma affamé peut chasser et tuer un raton laveur, lequel se nourrit de divers aliments, dont ce lézard, mais aussi de fruits et autres baies.*

Les tueurs du passé

Les plus grand prédateurs de tous les temps furent bien sûr les dinosaures. L'un des plus imposants était le *Giganotosaurus*, ou « lézard géant du Sud ». Ce monstre vécut en Amérique du Sud il y a quelque cent millions d'années. Pesant près de huit tonnes, il était plus long que trois voitures mises bout à bout. Un tel gabarit impliquait aussi un sacré appétit. Parmi ses proies favorites se trouvait un autre dinosaure, l'*Argentinosaurus*. Celui-ci fut sans doute le plus grand dinosaure ayant existé et demeure le plus gros animal terrestre de l'histoire. Cet herbivore de 70 tonnes et 35 m de long se déplaçait en groupe d'au moins 20 individus.

Des dents effroyables
Longtemps connu comme le plus gros dinosaure ayant existé, le *Tyrannosaurus* avait des dents de la forme et de la taille d'une banane.

Mis au tapis

Deux *Giganotosaurus* attaquent un *Argentinosaurus*. Les deux prédateurs mordaient et tailladaient leur énorme proie jusqu'à ce qu'elle s'effondre. Les chiens sauvages africains procèdent encore de la sorte.

Le gouvernail *La queue longue et fine du* Giganotosaurus *lui permettait de garder l'équilibre lorsqu'il changeait brusquement de direction. Une qualité essentielle pour suivre les évolutions de ses proies.*

PRÉDATEURS DISPARUS

Des prédateurs disparus développèrent de nombreuses facultés pour chasser aussi bien sur terre que dans l'air ou dans l'eau. On retrouve ces facultés chez certains prédateurs actuels.

La gueule Le *Liopleuredon*, long de 25 m, sillonnait les océans et avalait d'un coup toutes les créatures qu'il parvenait à capturer dans sa gueule.

Les ailes de la peur Les *ptérosaures*, immenses reptiles volants, s'attaquaient aux poissons des lacs, comme le font aujourd'hui certains rapaces.

Chasseurs en série De la taille d'un loup, et pourvu de dents comparables, le *Cynognathus* était un reptile carnivore très vif. Comme les loups, il chassait en meutes.

Le limier *La forme de son crâne révèle qu'une part importante de son cerveau était utilisée pour flairer ses proies.*
Des dents impressionnantes *Grâce à ses dents aussi longues (20 cm) et crénelées que la lame d'un couteau à pain, le* Giganotosaurus *était capable de trancher la peau de ses proies.*
Le balafreur *Grâce aux griffes acérées de ses trois doigts, le* Giganotosaurus *pouvait taillader ses victimes.*

Les espèces

disparues

Aucun prédateur ne chasse une espèce jusqu'à son extinction, car il se condamnerait lui-même à mourir de faim. Une seule exception à cette règle : les humains. Notre flexibilité alimentaire nous permet, lorsque nos proies viennent à manquer, de changer nos habitudes alimentaires, d'adapter notre technologie ou de nous déplacer là où la nourriture est plus abondante. En tant que prédateurs, nous sommes en situation de concurrence avec d'autres prédateurs pour notre espace ou pour notre subsistance. Mais à mesure que la population humaine croit, de nombreuses espèces perdent du terrain. Certaines ont même déjà disparu...

L'aigle de Haast Aujourd'hui disparu, cet aigle était le plus grand qui ait jamais vécu.

Le moa Cet oiseau géant de Nouvelle-Zélande était incapable de voler, et fut chassé jusqu'à extinction.

L'effet domino Les premiers habitants de Nouvelle-Zélande chassèrent les moas pour leur viande, éradiquant ainsi 10 espèces d'oiseaux géants en moins d'un siècle. Peu après, les aigles de Haast, qui se nourrissaient eux-mêmes de moas, ne tardèrent pas à s'éteindre à leur tour.

La tourterelle voyageuse *Lorsque les premiers Européens posèrent le pied sur le sol américain, ils virent des millions de tourterelles voyageuses. Le dernier spécimen mourut dans un zoo en 1914.*

Le dodo *80 ans à peine après leur découverte par les marins hollandais sur l'île Maurice, alors déserte, les dodos disparurent. Ces gros oiseaux constituaient le repas préféré des navigateurs de passage.*

Le pingouin géant *Il ne volait pas et était facile à chasser. Il disparut totalement du Canada dès 1852 !*

La tortue géante *Certaines espèces de cette tortue des îles tropicales ont déjà disparu, et celles qui subsistent sont en danger. Ces reptiles très lents sont chassés pour leur chair et leurs œufs.*

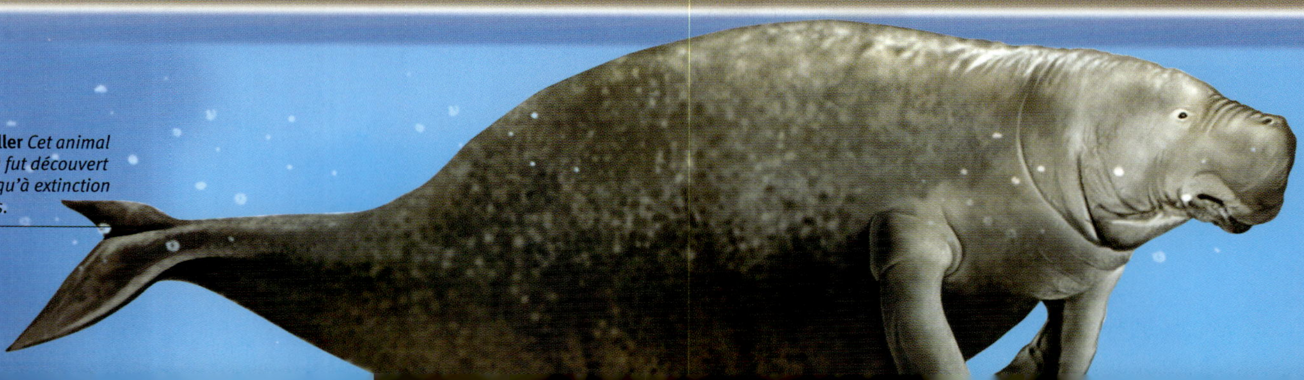

Le lion de mer de Steller *Cet animal énorme (8 m environ) fut découvert en 1741 et chassé jusqu'à extinction totale pendant 30 ans.*

Tout passe…

Au cours des 500 dernières années, 22 espèces de reptiles, 70 de mammifères, 80 de poissons et 135 d'oiseaux se sont éteintes. La situation empire. Aujourd'hui, 340 espèces de reptiles et 1 000 espèces de poissons, d'oiseaux et de mammifères sont menacées.

Le bison *Vers 1800, des millions de bisons broutaient les plaines de l'Ouest américain. 75 ans plus tard, il n'en restait plus qu'une poignée. Des programmes de réintroduction permirent d'augmenter leur nombre, mais ne suffirent pas à reconstituer les vastes troupeaux du passé.*

Le tigre *Les quelques centaines de tigres encore en vie en Asie sont pourchassés pour leur fourrure et pour certaines substances utilisées en médecine traditionnelle. Sans protection réelle, ils disparaîtront bientôt.*

Le singe Colobus *En 2000, 67 ans après que les premiers spécimens furent repérés en Afrique de l'Ouest, l'extinction du Colobus rouge a été officiellement annoncée.*

La morue *Après un siècle de pêche intensive, ce poisson très populaire n'est presque plus commercialisé. Même protégée, la morue risque de ne jamais pouvoir repeupler suffisamment nos océans.*

Les proies contre-attaquent

Si les prédateurs ne manquent pas d'imagination pour dénicher leurs proies, celles-ci font également preuve de ruse pour se protéger. Certaines d'entre elles courent vite, d'autres dégainent un dard ou un sabot pour repousser l'agresseur. D'autres encore imitent ces espèces menaçantes, ou reproduisent des formes et des couleurs qui se fondent parfaitement dans leur environnement. Les moins courageux vivent en groupe, ce qui leur permet de se cacher ou de compter sur la force du nombre pour repérer et dissuader les prédateurs.

FORMATION EN CERCLE

Sous la menace des loups, les bœufs musqués forment un cercle pour se défendre, leurs cornes baissées vers les prédateurs. Un bon moyen de défendre leur dos, plus vulnérable, ainsi que leurs petits.

L'union fait la force

Certains animaux se groupent pour affronter les prédateurs qui les menacent. Il arrive même que des animaux d'espèces différentes s'unissent pour leur défense commune.

Des gardes du corps *Les pique-bœufs se réfugient sur le dos des buffles, comptant sur la masse de leurs hôtes pour les protéger.*

En service *Une garde rapprochée de soldats et de coupeurs de feuilles escorte une fourmi plus grande qui rapporte de la nourriture à la fourmilière.*

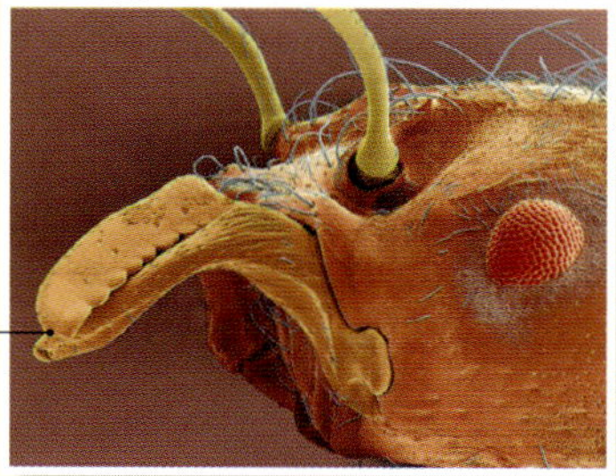

De puissantes mandibules

Coquille *Les bernard-l'ermite se cachent dans une coquille vide pour échapper aux prédateurs tels que les poulpes. Les anémones qui se fixent à la surface leur offrent un camouflage.*

Piégés

Certaines proies jouent de leur apparence pour dissuader les prédateurs, à l'aide de couleurs vives par exemple. D'autres se parent ainsi pour les berner, soit pour paraître plus dangereuses qu'elles ne sont, soit pour disparaître dans le décor.

Yeux de chouette *Les ailes repliées, le* Polyphemus *se confond avec l'écorce des arbres, hors de vue des oiseaux. Mais si l'un d'entre eux approche, il déploie ses ailes, dont les tâches ressemblent à des yeux de chouette, pour l'effrayer.*

Vrai-faux serpent *Les chenilles des vers à soie utilisent elles aussi des taches en forme d'yeux pour se donner l'apparence d'un serpent.*

Brindilles *Pour échapper à la vigilance des oiseaux, les phasmes jouent de leur forme et de leur couleur pour se confondre avec les brindilles.*

Air de famille *Le clyte bélier, pourtant inoffensif, imite les rayures des guêpes dont les prédateurs redoutent le dard.*

Défense corporelle

Le corps de certaines créatures constitue en lui-même une défense contre les prédateurs. Certaines d'entre elles secrètent du poison et le signalent par leurs couleurs vives. D'autres exhibent des piques contre lesquelles les agresseurs ont peu envie de se frotter.

Joyaux empoisonnés *Grâce à leurs couleurs de pierres précieuses, ces grenouilles indiquent qu'elles sécrètent un venin dangereux. Un simple contact peut être fatal.*

Atout piques *Un échidné couvert de piquants se roule en boule à l'approche du danger. À l'idée de croquer des piques, la plupart des prédateurs décampent.*

Becs et dents

Qu'ils soient mammifères, reptiles ou oiseaux, tous les prédateurs utilisent leurs dents pour tuer leurs proies. Toutes ces dents ne se ressemblent pas. Leur forme, leur taille et leur force varient, ainsi que les fonctions qui leur sont associées : attraper, trancher, broyer, arracher, etc. Certains, comme les chats, ont un type de dent pour chaque fonction. D'autres ont un modèle unique, comme les crocodiles. Les oiseaux n'en ont pas du tout. Chez eux, les prédateurs se servent de leur bec pour attraper leurs proies. Là encore, chaque espèce a son bec spécifique.

OUTILS À FOISON

Les requins disposent de quatre rangées – ou plus – de dents acérées. Comme certaines d'entre elles se cassent parfois, il en pousse constamment de nouvelles.

Requin tigre Une dent conçue comme un ouvre-boîte pour ouvrir la carapace des tortues de mer.

Requin bleu Une dent triangulaire crénelée pour trancher net la chair des poissons.

Requin blanc Une dent pointue et tranchante pour découper la peau épaisse des phoques.

Requin mako Une dent longue, pointue et courbe pour harponner les poissons rapides.

Bon à tout faire

Les oiseaux utilisent leur bec aussi bien pour se défendre, pour manger, se lisser les plumes ou chasser ; il varie en forme et en taille selon l'alimentation de l'oiseau.

Crocheté
Le faucon prend sa proie dans ses serres, puis arrache des lambeaux de chair avec son bec crochu.

Comme des ciseaux Une sterne au bec coupant comme une lame attrape un poisson, qu'elle découpe en tranches, aussitôt avalées.

Burin et harpon
Le pic creuse le bois mort à l'aide de son bec en forme de burin, fouillant le trou de sa langue effilée. Celle-ci harponne les larves qu'elle peut trouver.

Puiser et filtrer
Le bec courbé du flamant rose puise son comptant d'eau, qui est ensuite filtrée dans une sorte de passoire. Il avale enfin le tout, dont quelques petites créatures aquatiques.

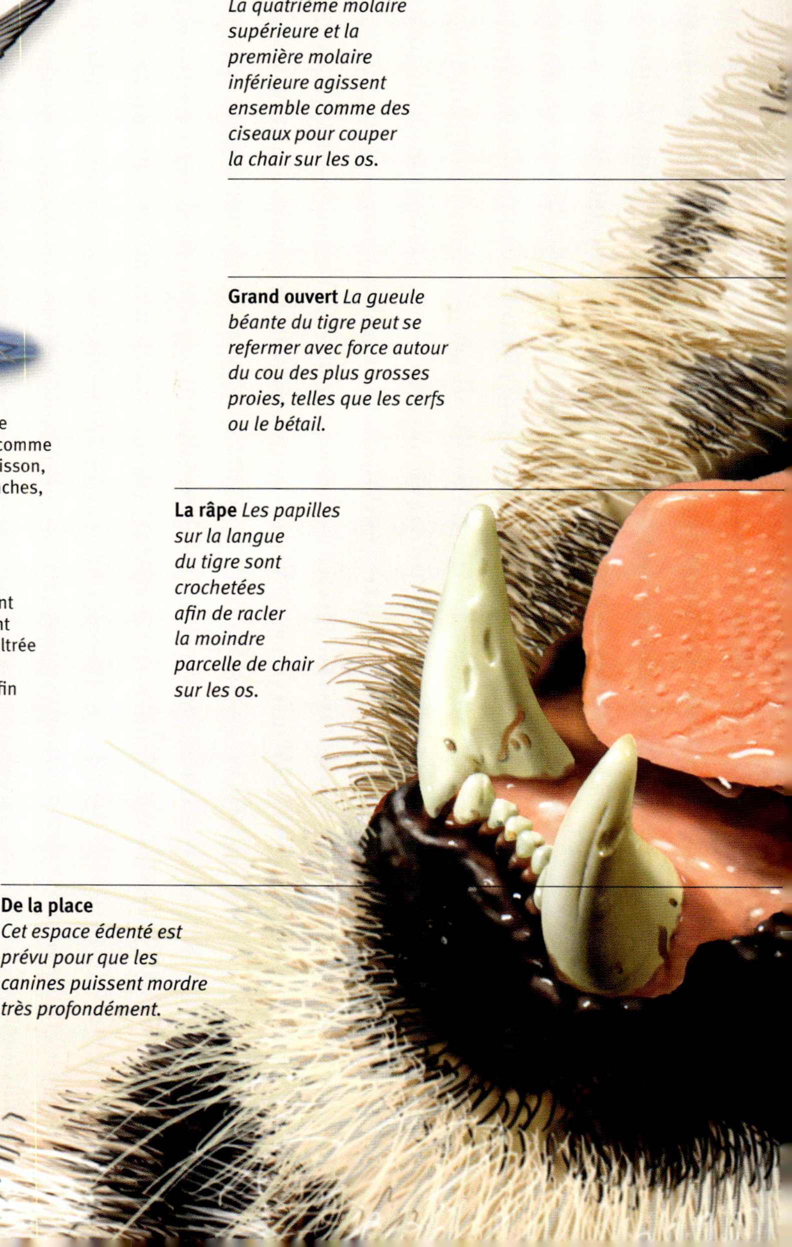

Les canines du tueur *Les canines d'un tigre ont la taille d'un doigt d'adulte. Elles peuvent briser la nuque d'une petite proie ou serrer la gorge d'une proie plus importante, jusqu'à ce quelle suffoque.*

Lames de ciseaux
La quatrième molaire supérieure et la première molaire inférieure agissent ensemble comme des ciseaux pour couper la chair sur les os.

Grand ouvert *La gueule béante du tigre peut se refermer avec force autour du cou des plus grosses proies, telles que les cerfs ou le bétail.*

La râpe *Les papilles sur la langue du tigre sont crochetées afin de racler la moindre parcelle de chair sur les os.*

De la place
Cet espace édenté est prévu pour que les canines puissent mordre très profondément.

Une sacrée boîte à outils

Comme les chats, les tigres possèdent plusieurs types de crocs, chacun ayant une fonction différente. Les longues canines tuent. Les petites incisives sur le devant arrachent le pelage. Les molaires et les prémolaires découpent la chair sur les os et tranchent les morceaux.

Sous la peau
Les 30 dents du tigre sont attachées à une mâchoire puissante, el e-même fixée à un crâne solide et à des muscles résistants.

Griffes et serres

Certains prédateurs se servent de leurs griffes ou serres pour capturer leurs proies. Chez les vertébrés, les griffes et les serres sont des variantes des ongles que portent les humains sur leurs doigts et leurs orteils. Les tigres et les lions les utilisent pour agripper leur victime ou éloigner un rival. Les ours s'en servent pour porter leur nourriture ou fouiller le sol à la recherche des proies enfouies. Les aigles ou les chouettes attrapent leur futur repas dans leurs serres. Quant aux invertébrés, ils ont parfois des griffes pour saisir, couper ou écraser leur proie.

PETITES ET GRANDES GRIFFES

Il n'y a pas que les ours qui sont pourvus de griffes pour chasser leurs proies.

Le aye-aye, un lémurien de Madagascar, explore les trous dans les arbres à la recherche de larves, à l'aide de ses griffes et de ses doigts très longs.

Double pince Un homard écrase une crevette dans la plus grosse de ses deux pinces et, de l'autre, la dépèce. Ses pinces sont des sortes de pattes qui ont évolué.

Jeu de tête

Hormis ses redoutables serres, le hibou a plus d'un atout dans son anatomie pour jouer son rôle de prédateur.

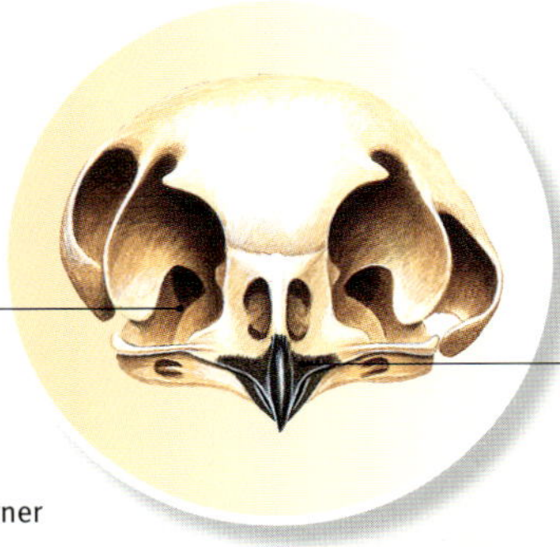

Droit devant Ses yeux orientés vers l'avant lui offrent une vision binoculaire qui l'aide à évaluer les distances.

Toujours en face La nuque du hibou comprend 14 vertèbres, ce qui lui permet de tourner largement sa tête pour repérer une proie.

Bec multifonction Le hibou écrase sa proie dans son bec puissant, puis la dépèce grâce à son extrémité crochue.

En sourdine *La rangée supérieure de plumes à l'extrémité des ailes du hibou, en forme de peigne, agit comme une sourdine qui étouffe le bruit de l'air brassé au moment où il arrive sur sa proie.*

Pris au piège

Le hibou fond sur sa proie, toutes pattes et griffes dehors. Chaque doigt s'achève en une serre recourbée. L'ensemble se referme comme un piège autour de sa proie, par exemple une taupe, qu'il peut emporter pour la dévorer plus loin.

Prise facile *Un système de blocage à l'intérieur de ses pattes lui permet de maintenir son emprise autour de sa proie pendant des heures et sans fatigue.*

Les serres *Quand un hibou attaque une proie, ses serres sont écartées pour augmenter ses chances de prise.*

Crochets et venin

De nombreux animaux utilisent le poison ou le venin pour capturer leurs proies ou éloigner les prédateurs. Ils peuvent être eux-mêmes empoisonnés pour se défendre, ou venimeux pour se protéger ou attaquer. Manger ou juste toucher un animal empoisonné, comme certaines grenouilles ou le poisson fugu, peut être mortel. Les espèces venimeuses, elles, inoculent intentionnellement leurs toxines à l'aide de crochets, d'épines, de dard ou d'autres dispositifs. Les musaraignes incisent par exemple la peau de leur victime pour diffuser leur salive toxique.

Choix d'aiguilles
Les crochets des serpents sont conçus comme des aiguilles hypodermiques pour injecter le venin. Chaque espèce possède son type de crochet.

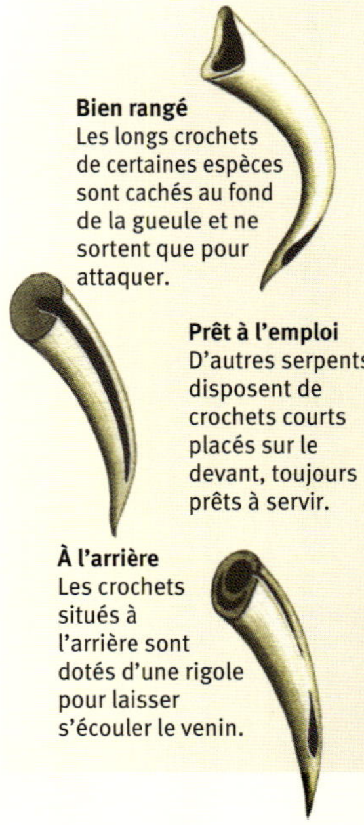

UN SÉRUM VITAL

Pour soigner les humains victimes de morsures de serpent ou de piqûres de scorpion, le médecin injecte un antidote. Celui-ci neutralise le venin pour qu'il n'affecte pas le système nerveux.

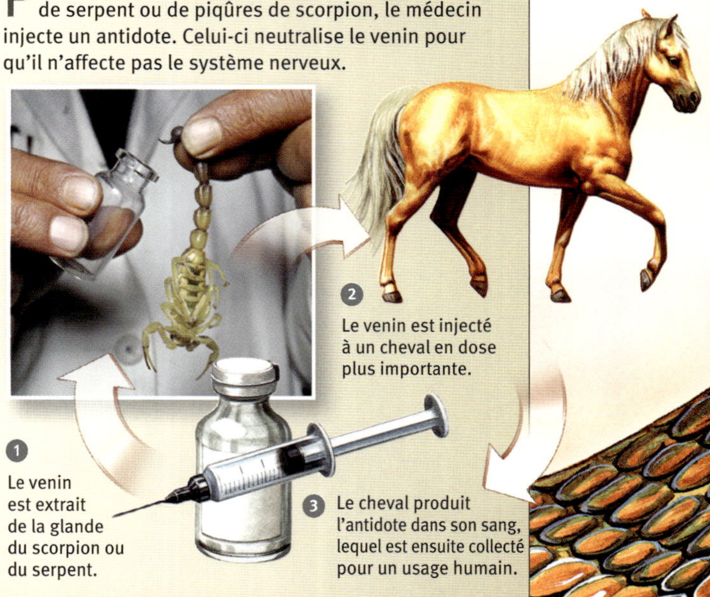

Comme l'éclair

Le cobra d'Égypte est l'un des serpents les plus dangereux au monde, responsable de nombreux décès. Même si le venin du cobra du Cap est encore plus toxique, le cobra d'Égypte est plus rapide et plus agressif que ce dernier, et chacune de ses morsures inocule bien plus de venin.

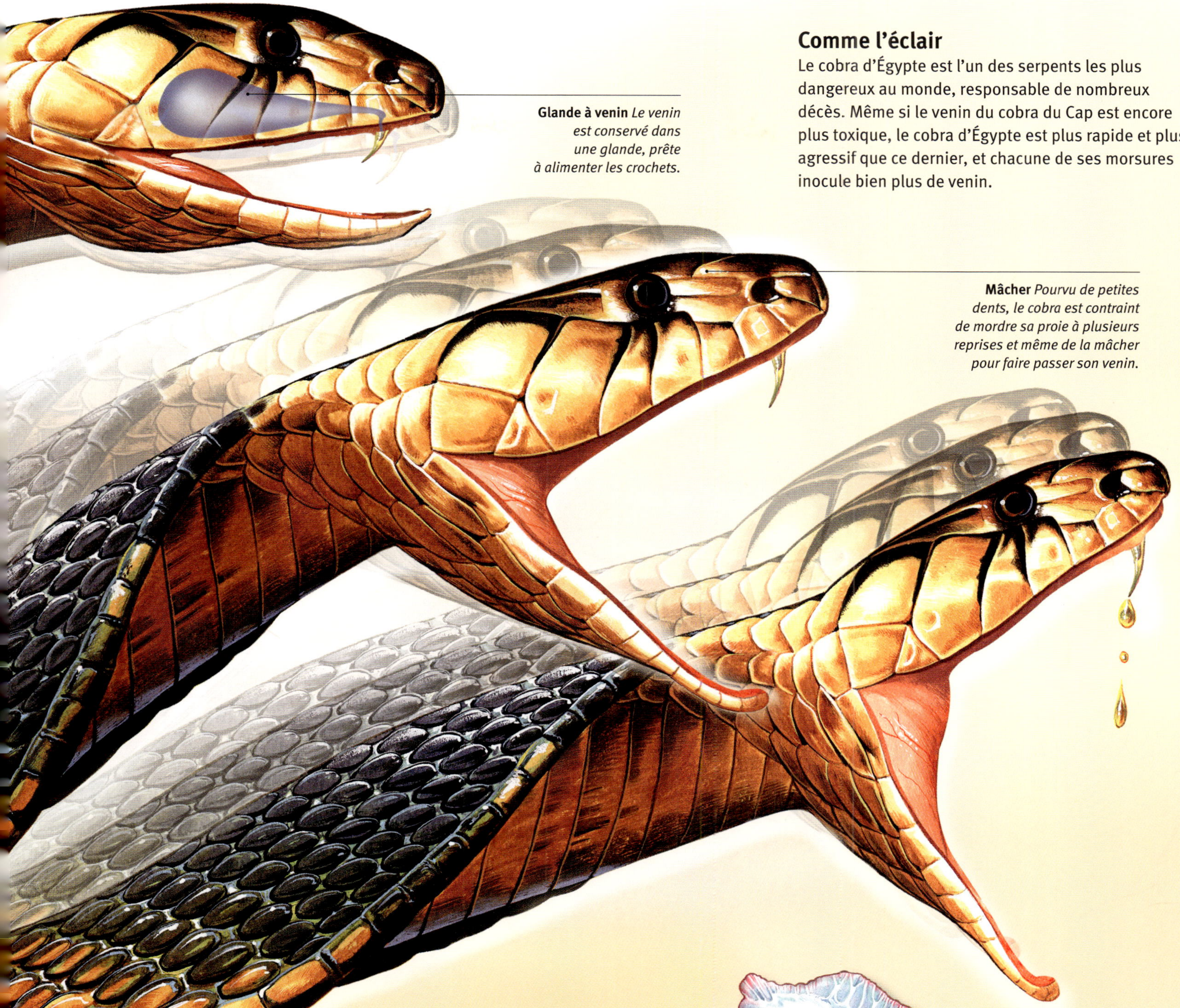

Glande à venin *Le venin est conservé dans une glande, prête à alimenter les crochets.*

Mâcher *Pourvu de petites dents, le cobra est contraint de mordre sa proie à plusieurs reprises et même de la mâcher pour faire passer son venin.*

Rapide et mortel

Les venins et poisons des animaux sont parmi les substances toxiques les plus fortes et les plus rapides à agir. Ainsi, les proies contaminées n'ont pas le temps de fuir avant de mourir.

Samba mortelle Le venin très puissant de cette araignée brésilienne en fait l'une des plus redoutables de son espèce.

Joli piège La méduse portugaise étend ses longues tentacules pour injecter son venin aux poissons.

Gare aux rochers Le poisson-pierre est couvert de piques venimeuses provoquant des douleurs très violentes chez l'humain.

Taille et force

Les armes et la vitesse ne font pas tout. Certains prédateurs se distinguent avant tout par leur taille ou leur force. Les serpents constricteurs étouffent leurs proies à l'aide de leurs muscles. Les chimpanzés sont assez costauds pour frapper d'autres singes sur le sol jusqu'à les tuer. D'autres prédateurs se distinguent par la puissance d'une seule partie de leur corps : la mâchoire de la hyène est capable de briser les os de ses proies d'un seul coup. Enfin, certains sont protégés des attaques des prédateurs par leur taille impressionnante. L'éléphant, par exemple, n'a aucun prédateur connu.

UNE BATAILLE DE TITANS

Plus grand prédateur vivant, le cachalot peut atteindre 18 m de long et un poids de 45 tonnes. Sa taille imposante lui permet de s'attaquer à des poulpes géants, longs de plus de 12 m de la queue jusqu'à l'extrémité des tentacules.

Grandes dents Avec ses dents de 18 cm de long, le cachalot détient le record mondial.

Collé serré

L'anaconda est capable de tuer sa proie, ici un bébé tapir, par le seul pouvoir constricteur de ses muscles qui enserrent et étouffent sa victime. À chaque inspiration, le serpent presse un peu plus fort encore jusqu'à ce que la proie suffoque.

Peau extensible *La peau de l'anaconda peut s'étirer comme une bande de caoutchouc, afin que la proie tout entière puisse être avalée.*

Avaler *Le serpent ouvre sa gueule sur sa proie morte. La contraction de ses muscles permet de la faire lentement glisser vers le tube digestif.*

Sur le dessus *Pour être en mesure de voir et de sentir ses proies dans l'eau, le serpent a les yeux et les narines sur le sommet de sa tête.*

Grand ouvert

Les mâchoires supérieure et inférieure de l'anaconda sont jointes par un lien élastique qui permet une très large ouverture : c'est grâce à elle qu'ils peuvent avaler, tête la première, des proies aussi grosses.

Vie et mort : à toute allure

La vitesse peut tuer. Dans un monde de prédateurs et de proies, c'est souvent le plus rapide qui l'emporte. Le prédateur est en mesure de rattraper ou de dépasser celui qu'il pourchasse. Parfois, c'est la vitesse elle-même qui tue, quand un coup est donné alors que les deux protagonistes sont lancés. Il y a bien sûr des animaux qui courent, nagent ou volent plus vite que les autres. Mais il y a aussi ceux dont une partie seulement du corps agit très vite, en particulier chez les plus petits prédateurs : un coup de patte très vif, une gueule qui se referme d'un coup sec, etc.

Animaux olympiques

Le plus rapide des sprinters humains atteint péniblement les 44 km/h. Un vrai lambin comparé au faucon pèlerin, le plus rapide des oiseaux, au guépard, le plus rapide des mammifères, et à l'espadon, le plus rapide des poissons.

Accélération fulgurante *Un guépard peut atteindre les 72 km/h en 2,5 secondes et courir jusqu'à plus de 100 km/h. Ce sont ces accélérations fulgurantes, et pas juste la vitesse, qui lui permettent d'attraper les proies les plus rapides.*

À travers les océans *Entouré de ses congénères, un espadon peut nager à la vitesse de 110 km/h. Une proie qui heurte alors son long bec subit un impact comparable à celui d'un piéton fauché par une voiture.*

Une vraie bombe *La vitesse de croisière du faucon pèlerin tourne autour de 65 km/h, avec des pointes au-delà de 110 km/h. Lorsqu'il plonge pour fondre sur sa proie, il peut même atteindre la vitesse record de 320 km/h.*

RAPIDE, INVISIBLE

La vitesse de certains prédateurs est telle que leurs mouvements ne sont pas visibles par les humains à l'œil nu. Seules des caméras vidéo ultrarapides peuvent les capter.

Record de vitesse Cette fourmi particulière ouvre et ferme sa mâchoire 2 300 fois plus vite que le clignement de nos yeux : 233 km/h, soit le mouvement le plus rapide jamais observé sur un animal.

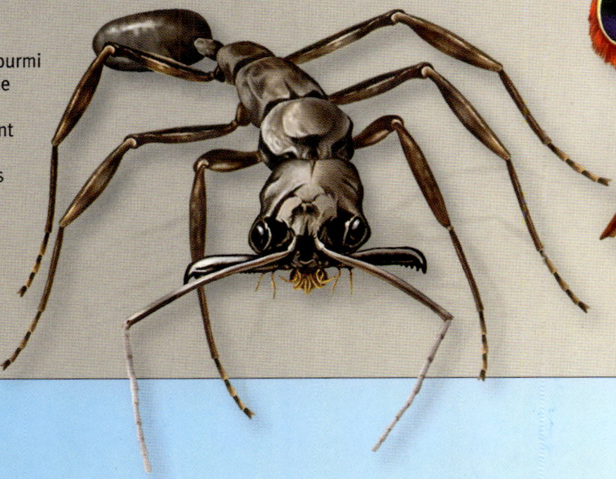

Coup de patte Les pattes avant de la crevette mante décochent des coups à une vitesse de 23 m/s, si puissants qu'ils peuvent briser des coquillages.

Association de malfaiteurs

De nombreux prédateurs puisent leur force dans le groupe. Seule, une fourmi ne fait guère le poids face à une sauterelle. Mais réunies en bataillons, les fourmis peuvent venir à bout d'animaux plusieurs centaines de fois plus gros qu'elles. Certains animaux développent des stratégies pour mener des attaques concertées. On peut même voir des animaux de deux espèces différentes se prêter parfois main forte. Les murènes, par exemple, combinent leur action avec celle des mérous : les uns et les autres se postent aux abords d'un récif de corail, attrapant les poissons qui fuient d'un côté ou de l'autre. Mais la vie en groupe permet aussi à certaines proies d'échapper à leurs prédateurs.

Tous ensemble

Les fourmis sont de redoutables prédateurs, capables de capturer de grandes proies à force de morsures et de piques venimeuses. Attaquées, elles savent faire front en usant des mêmes armes.

LIVRAISON À DOMICILE

Les dauphins pêchent eux aussi en groupe. L'un d'entre eux nage en cercle autour d'un banc de poissons pour le conduire jusqu'à ses congénères affamés.

Esprit de groupe
Les lycaons, des chiens sauvages d'Afrique, vivent et chassent en meutes, pour pouvoir s'attaquer à des proies plus grosses qu'eux. Organisés en groupe, ils peuvent pourchasser des proies filant à près de 60 km/h.

Impressions
Les fourmis ne voient presque rien. Leurs antennes sont leurs principaux organes sensoriels.

Aiguillon
De la queue de la fourmi sort un aiguillon susceptible d'injecter du venin à ses victimes.

Pinces coupantes
Les mandibules de la fourmi se cramponnent à la proie et découpent sa chair en morceaux comestibles.

À l'intérieur *Le corps de la fourmi se divise en trois parties : la tête, ou prosoma ; le corps, ou mesosoma ; et la queue, ou metasoma.*
Prosoma Correspond à la tête et contient le cerveau.
Mesosoma C'est le point d'attache des pattes de la fourmi.
Metasoma Cet abdomen contient les organes de la respiration, de la circulation et de la digestion.
L'aiguillon Le venin est stocké dans une poche de l'abdomen.

Cachettes et pièges

La plupart des prédateurs ont une ou deux méthodes de chasse à leur actif. Certains d'entre eux chassent activement, d'autres attendent leur proie, embusqués. Dans les deux cas, le fait de se cacher est un atout décisif. Parfois, le prédateur se fond dans son environnement pour approcher sa proie sans être vu. Les chasseurs passifs usent aussi largement du camouflage. D'autres encore, comme certaines araignées, construisent de véritables cachettes pour faire oublier leur présence. Exactement comme les chasseurs humains qui se dissimulent dans la végétation pour ne pas être vus du gibier.

PRESQUE INVISIBLES

La technique du camouflage permet à certains prédateurs de s'approcher furtivement de leurs proies et l'effet de surprise qui en suit leur donne un avantage décisif sur elles.

Sans ombre
Le gecko de Malaisie porte sur ses flancs des sortes de volants qui suppriment les ombres portées. Associé à sa couleur, ce dispositif le rend presque indétectable par ses proies.

Taches de couleur Le flet léopard mène la vie dure aux crabes, ses proies, car les tâches de son corps se confondent avec les couleurs du sol sous-marin.

Blanc comme neige
L'ours polaire est un as du camouflage. Son pelage blanc se confond avec la neige alors qu'il guette le retour des phoques à la surface.

Piège à insectes

Les fourmis-lions, insectes larvaires, creusent des trous pour piéger les fourmis et autres insectes qui y tombent.

L'heure du repas
Le fourmi-lion enserre une proie dans ses mandibules et aspire sa substance.

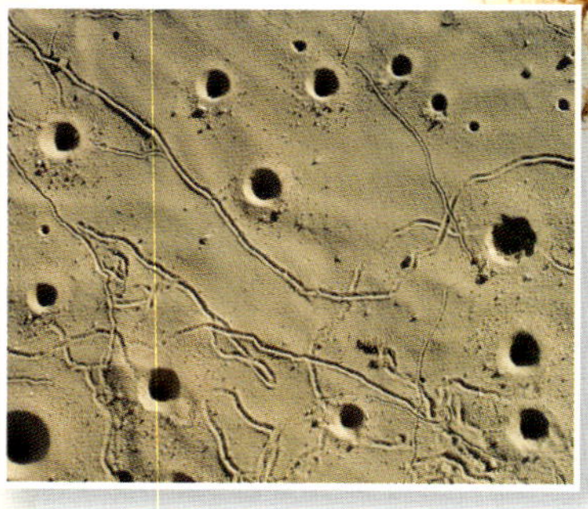

Gare aux chutes C'est dans les sols secs et sablonneux que l'on trouve le plus de trous de fourmis-lions.

1 Cachée
La mygale couvre son terrier à l'aide d'un couvercle articulé.

2 Vive
Dès qu'elle sent les vibrations produites par un insecte, la mygale jaillit pour saisir sa proie.

Ingénieurs émérites

Les araignées sont surtout réputées pour leurs toiles. Mais les mygales savent aménager des tanières si discrètes qu'elles n'ont qu'à attendre leurs proies, à même le sol.

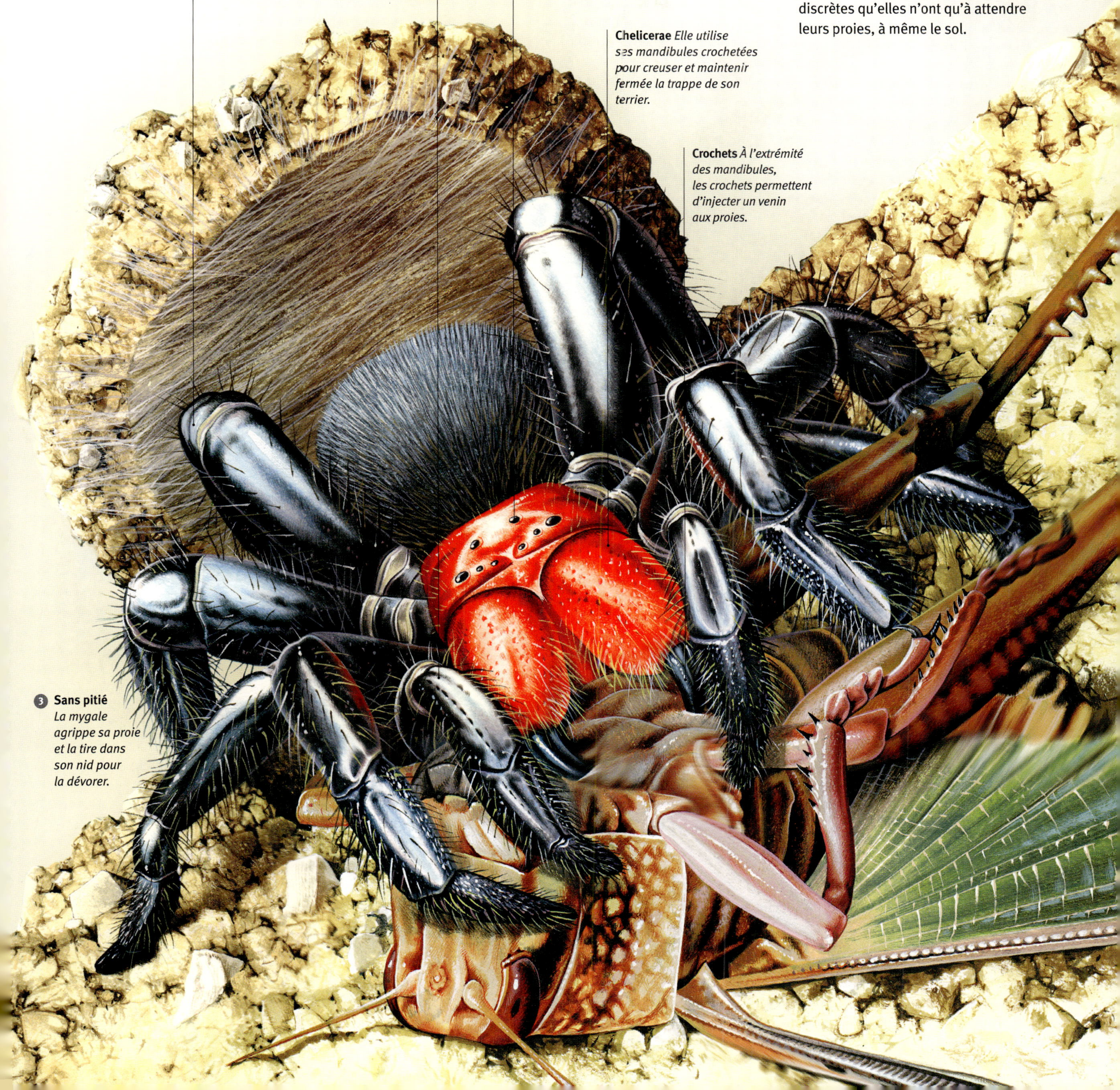

3 Sans pitié *La mygale agrippe sa proie et la tire dans son nid pour la dévorer.*

Les plantes
carnivores

Aussi bizarre que cela puisse paraître, certaines plantes sont des prédateurs. Si la plupart des plantes subviennent à leurs besoins grâce à l'énergie solaire, quelques-unes ont évolué pour être en mesure d'attraper et de digérer de petits animaux. Contrairement aux prédateurs animaux, les plantes carnivores ne peuvent se déplacer pour chasser leurs proies. Mais leurs feuilles constituent des appâts efficaces pour attraper des insectes ou même de petites grenouilles, qui seront digérés par leurs protéines.

De l'azote, sinon rien

Les plantes carnivores poussent dans des milieux très divers : forêts tropicales, tourbières, étangs, etc. Le sol dans lequel elles naissent est d'ordinaire pauvre en azote, une substance qu'elles trouvent dans leurs proies.

Promesses non tenues
La sarracénie tropicale, aux couleurs vives, attire les insectes grâce aux gouttes de nectar déposées au bord de ses lèvres écarlates. Alors qu'il se nourrit, l'insecte glisse au fond du piège.

Sans issue
Un animal unicellulaire s'aventure dans le dédale des racines en entonnoir d'un genlisea.
Là, les minuscules animaux sont retenus et digérés dans « l'estomac » de la plante.

Papier tue-mouches *Les insectes qui se posent sur les tentacules de la dionée sont collés par une épaisse sécrétion, puis digérés par les enzymes de la plante.*

Dans le potage *Les insectes tombent dans une poche de sucs digestifs, où ils s'enfoncent et sont peu à peu absorbés.*

Piège sous-marin
L'utriculaire est dotée de sortes de vésicules poilues sur ses tiges aquatiques. Quand un petit animal s'approche des poils, une trappe s'ouvre, l'aspire, et se referme aussitôt.

Détente au poil
La feuille du drosera se compose de deux parties, hérissées de dents, qui se referment comme une mâchoire dès qu'un insecte effleure ses poils sensibles.

1 La mouche est attirée par les couleurs et les sécrétions.

2 La mouche touche les poils sensibles.

3 Le piège se referme et la mouche est digérée.

Les sens
en éveil

Les chasseurs humains repèrent leurs proies à l'œil et, dans une moindre mesure, à l'oreille. C'est aussi le cas des oiseaux ou de certains mammifères prédateurs tels que les chats. Pourtant, chez certaines espèces, un sens est plus développé que les autres. Les ours, les loups ou les requins flairent leurs proies. Certains serpents « écoutent » les vibrations sur le sol, comme on perçoit les basses d'une musique. Quelques poissons sont capables de détecter la faible activité électrique des cellules de leur proie. Enfin, dans la catégorie des super-pouvoirs, la taupe à nez étoilé « voit » grâce à son toucher ultradéveloppé, tandis que les chauves-souris détectent les objets les plus fins grâce à leur sonar.

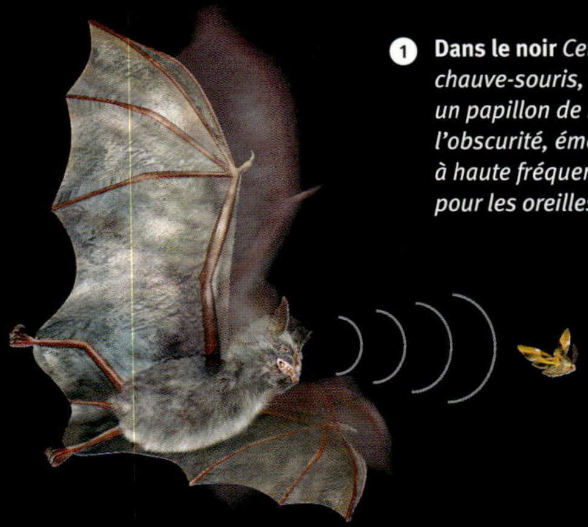

① **Dans le noir** *Cette chauve-souris, qui poursuit un papillon de nuit dans l'obscurité, émet des sons à haute fréquence, inaudibles pour les oreilles humaines.*

④ **À table** *À mesure que la chauve-souris approche du papillon, la fréquence de l'écho augmente jusqu'à ce que ce dernier finisse dans la gueule du prédateur.*

UN NEZ À LA PLACE D'YEUX

La truffe de la taupe à nez étoilé se compose de 22 appendices en forme de doigts. Chacun d'eux contient plusieurs centaines de capteurs sensoriels capables de sentir une proie, y compris dans le noir complet.

Fast-food Lorsqu'elle sent un verre de terre, la taupe ne met que 230 millisecondes pour l'attraper et le manger.

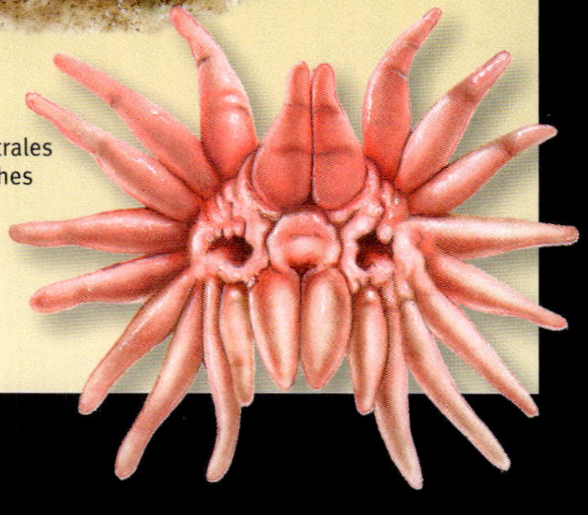

En détail Les étoiles centrales de sa truffe sont plus riches en récepteurs, ce qui lui permet de percevoir tous les détails de son environnement.

Sous la peau
L'appareil auditif de la chauve-souris (ou limaçon), en forme d'escargot, occupe une large part de son crâne.

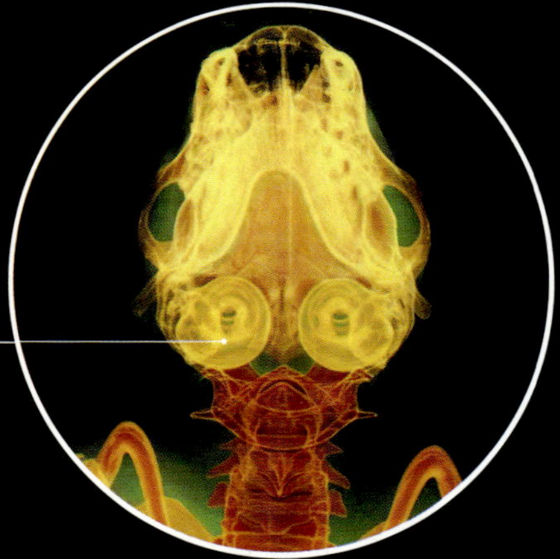

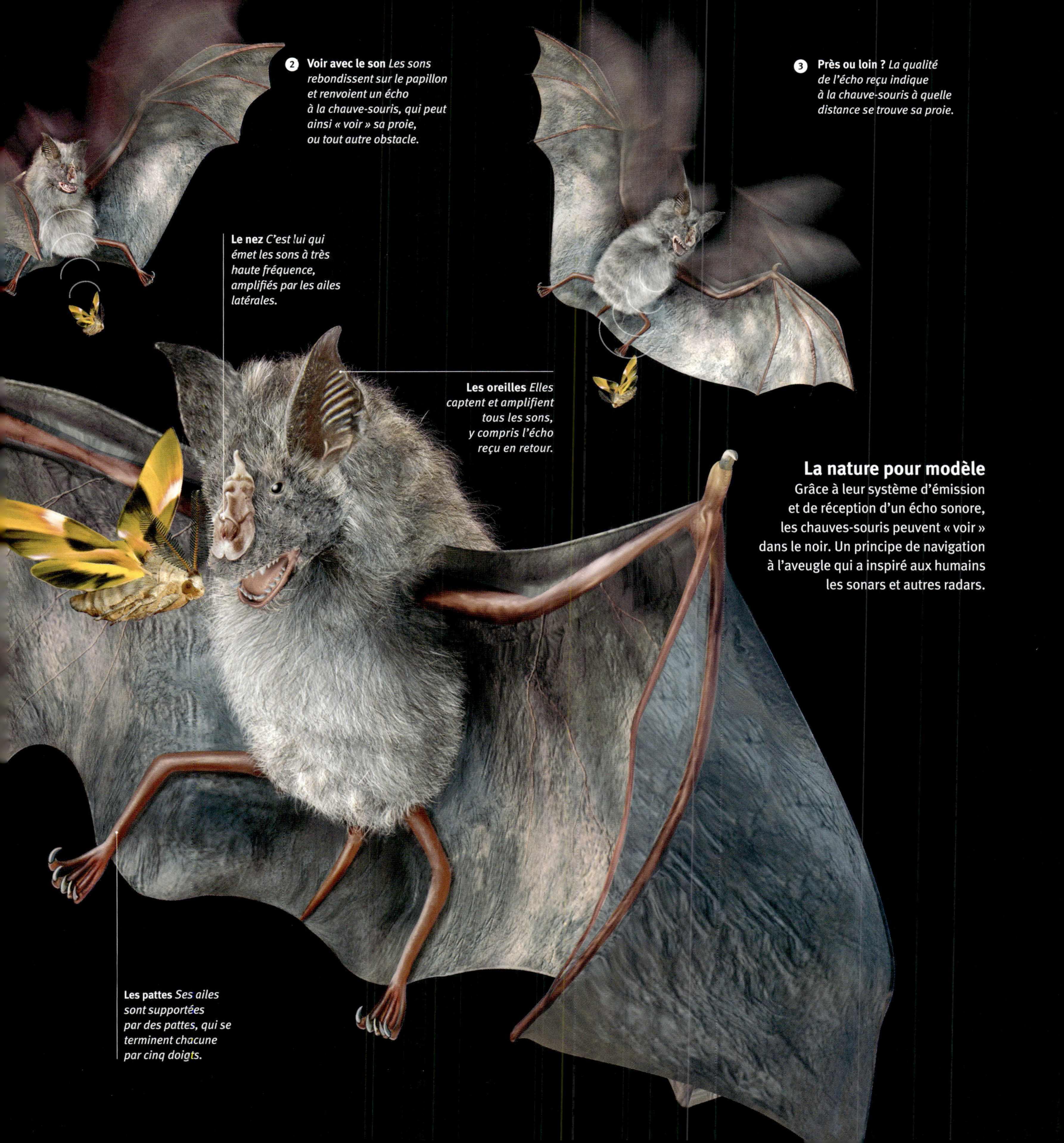

La nature pour modèle

Grâce à leur système d'émission et de réception d'un écho sonore, les chauves-souris peuvent « voir » dans le noir. Un principe de navigation à l'aveugle qui a inspiré aux humains les sonars et autres radars.

Tueurs
créatifs

Pour les prédateurs, il n'y a pas trente-six façons d'attraper leurs proies : ou les pourchasser ou attendre qu'elles viennent à eux. Selon les cas, ils peuvent alors les mordre, les piquer ou encore les empoisonner pour en venir à bout. Pourtant, certaines espèces n'entrent pas dans ce schéma. Le dragon de Komodo, par exemple, utilise des bactéries contenues dans sa gueule pour tuer à petit feu les proies qu'il a mordues. Les vipères du désert s'enfouissent dans le sable et agitent la pointe de leur queue pour ressembler à une larve d'insecte et attirer de petits mammifères.

Drôle de croqueur Plutôt lent et long d'une quarantaine de centimètres seulement, le squalelet féroce aspire sa proie puis en croque net un morceau.

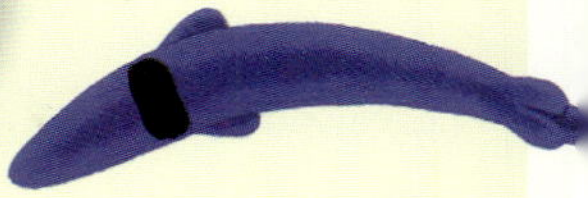

Étrange lueur Le ventre du squalelet féroce luit de telle sorte que les poissons nageant sous lui le confondent avec la surface. Seule une petite zone sombre en forme de poisson attire les plus gros d'entre eux.

L'OMBRE POUR LA PROIE

Certains oiseaux déploient leurs ailes pour dissuader d'autres prédateurs de leur subtiliser leur proie. L'aigrette noire se sert de ce subterfuge pour rassurer sa proie par l'ombre ainsi projetée.

1 **Avant la chasse** Méfiants, les poissons sont difficiles à attraper dans l'eau.

2 **Sans issue** L'ombre projetée par l'aile de l'aigrette donne au poisson l'illusion d'avoir atteint le refuge du rivage. Ainsi attiré, il devient une cible facile.

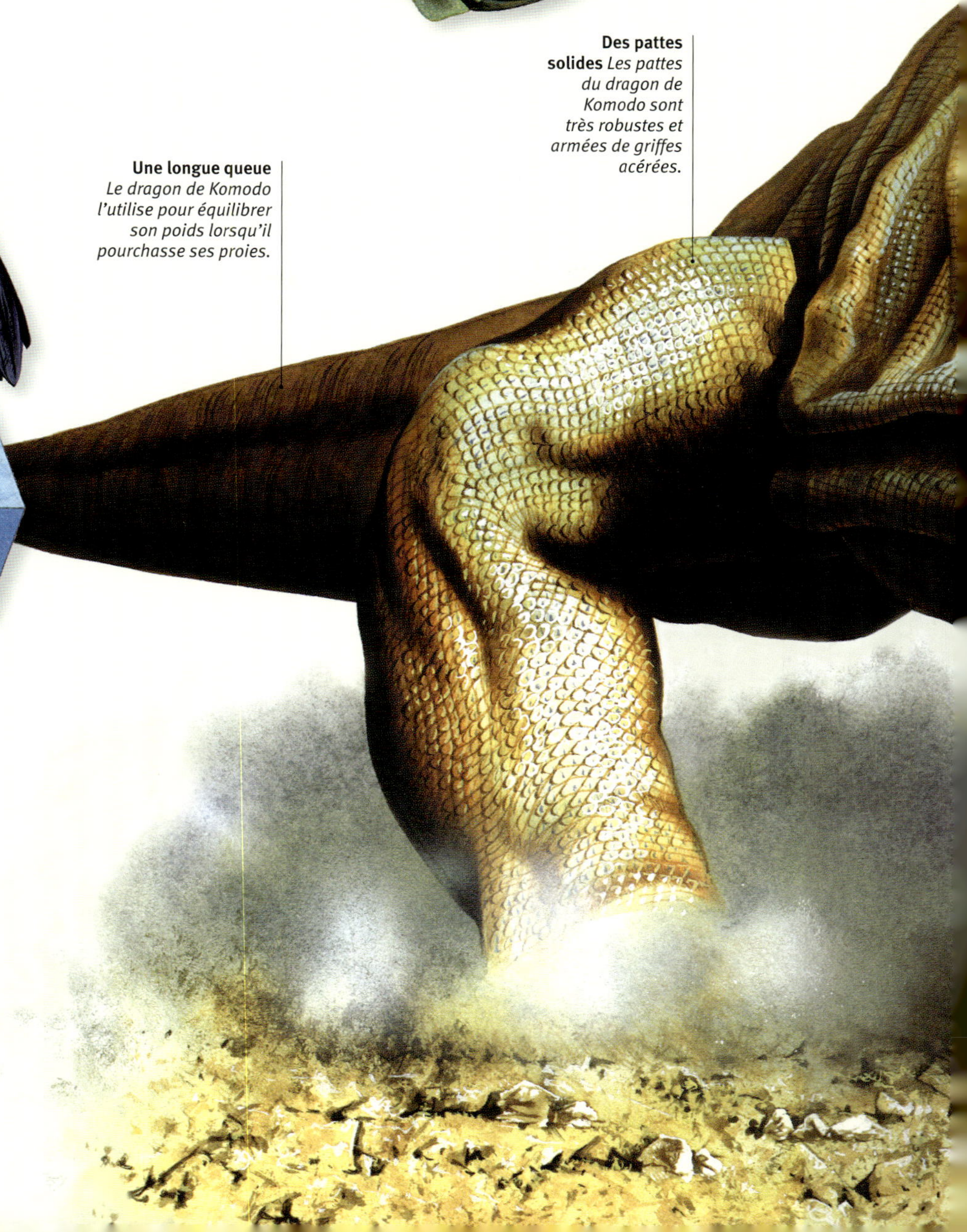

Une longue queue *Le dragon de Komodo l'utilise pour équilibrer son poids lorsqu'il pourchasse ses proies.*

Des pattes solides *Les pattes du dragon de Komodo sont très robustes et armées de griffes acérées.*

Chasse bactériologique

Le dragon de Komodo est le plus gros lézard vivant. Ses pattes puissantes et sa vivacité lui permettent d'attraper de grosses proies. Mais son arme fatale, ce sont ses dents en forme de crochet qui injectent une bactérie mortelle à ses victimes. Une fois la proie morte, il n'a plus qu'à la flairer pour la retrouver.

Un estomac élastique *Alors qu'il pèse lui-même 135 kg, le dragon a un estomac extensible qui lui permet d'avaler quelque 110 kg de viande.*

Des dents redoutables *Ses dents courbes et crénelées peuvent aussi bien arracher la chair de ses proies que leur injecter ses bactéries. Sa salive peut contenir jusqu'à 50 bactéries.*

Une langue diabolique *Sa langue fourchue lui permet de détecter l'odeur des proies et des charognes.*

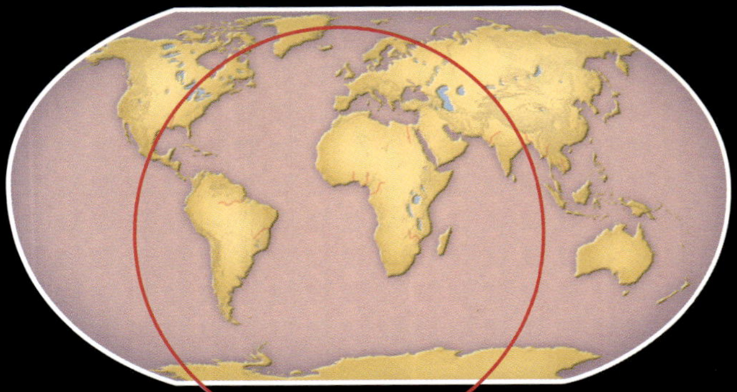

LES REQUINS : FAITS ET CHIFFRES

Variété : 500 espèces, dont les anges de mer, les requins bouledogues, les requins dormeurs, les requins de récif, les requins requiems.

Atouts : sept sens aiguisés, dents, force

Le plus gros / le plus petit : le requin baleine, le requin-chat pygmée

Proies : divers animaux marins et plantes (phytoplancton)

Techniques de chasse : poursuite, embuscade, filtrage

Conservation : 100 espèces sont menacées ou en péril

En bref : l'essentiel de ce qu'il faut retenir sur le milieu ou la famille de chaque prédateur.

Sur les cartes : les zones en rose indiquent les lieux de vie du prédateur étudié.

- Dans les océans
- Sur terre et dans les rivières

Catégories : cette barre indique à quelle catégorie d'animaux appartient chaque prédateur. Elle n'apparaît pas dans le chapitre « Le repère des prédateurs ».

MAMMIFÈRES
OISEAUX
REPTILES ET AMPHIBIENS
POISSONS
INVERTÉBRÉS

Zoom sur

LES FÉLINS : FAITS ET CHIFFRES

VARIÉTÉ : 40 espèces, dont les tigres, les guépards, les jaguars, les ocelots, les lynx, etc.

ATOUTS : dents, griffes, excellente vue, force, vitesse

LE PLUS GROS / LE PLUS PETIT : le tigre / le chat rougeâtre

PROIES : mammifères ongulés, lapins, oiseaux, rongeurs

TECHNIQUES DE CHASSE : embuscade, traque, poursuite

CONSERVATION : hormis le chat domestique, toutes les espèces de félins sont menacées

Crochets dans la gueule
Les papilles qui couvrent leur langue sont munies de crochets. Elles agissent comme une râpe pour détacher la chair des os de leurs proies.

Chasseurs nés : les félins

Les félins sont les prédateurs par excellence. Leurs mâchoires sont puissantes, leurs dents pointues, leurs griffes redoutables, leur corps souple et musclé. Ces carnivores ne puisent les nutriments qui leur sont nécessaires que dans la viande. Les tigres, les lions, les jaguars ou les léopards chassent souvent des proies plus grosses qu'eux. Le plus petit d'entre eux, le puma (45 kg), peut mettre à terre un élan de 360 kg d'un seul coup de patte ou tuer un animal de près de 900 kg, le guar. Les félins n'ont qu'un seul véritable ennemi : les humains.

1 **Comme un diable** *Une lionne à l'arrêt peut jaillir comme un sprinter pour rattraper ses proies.*

Tenues de camouflage
Les fourrures des félins varient en fonction du milieu dans lequel ils évoluent, afin de les dissimuler aux yeux de leurs proies.

Taches dans la forêt Les fourrures couvertes de taches, comme celles du jaguar, sont caractéristiques des félins qui vivent en forêt.

Rayures adaptées Les rayures du tigre peuvent nous sembler voyantes, mais elles lui permettent de se fondre dans les herbes hautes.

Manteau de neige La fourrure claire du léopard des neiges est bien adaptée à son milieu montagneux et enneigé.

Fondu au noir La plupart des léopards ont des taches sombres sur fond clair, mais certains ont un pelage noir.

À l'attaque !

Après une brève poursuite, la lionne bondit sur la gazelle. À l'aide de ses puissantes pattes, elle la plaque sur le côté pour se protéger de ses cornes. Elle étreint ensuite sa gorge pour l'achever.

COUTEAU DE POCHE

Au repos, les muscles du félin sont relâchés et ses griffes rétractées. Lorsqu'il entre en action, les muscles se contractent et tendent les ligaments qui font jaillir les griffes, comme des lames de couteau.

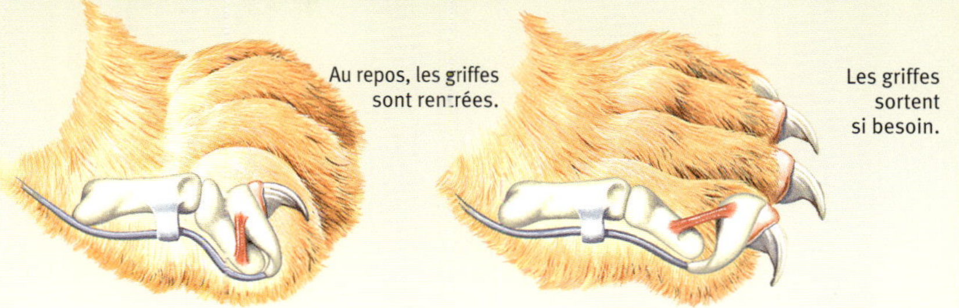

2 **Crampons** *À l'aide de ses très longues griffes, la lionne attrape ses proies et les traîne sur le sol.*

3 **Deux façons de tuer** *La lionne peut tuer sa proie en l'étranglant avec sa gueule ou en brisant les vertèbres de sa nuque.*

LES OURS : FAITS ET CHIFFRES

Variété	8 espèces, dont l'ours polaire, l'ours brun, l'ours noir américain, l'asiatique, le panda géant, l'ours des cocotiers, etc.
Atouts	pattes, griffes, dents et force
Le plus gros / le plus petit	l'ours polaire / l'ours des cocotiers
Proies	très variées selon l'espèce
Techniques de chasse	embuscade, traque, poursuite, vol à d'autres prédateurs
Conservation	la plupart des espèces sont menacées

Tout en force : les ours

Les ours sont des animaux impressionnants : un corps massif, de très longues griffes, une grosse tête pourvue de belles canines. Seuls les ours polaires, qui se nourrissent de phoques, sont exclusivement carnivores. Les ours bruns peuvent manger aussi bien des élans, des saumons, des insectes, des baies ou du miel. Les ours noirs, moins gros, chassent de petits mammifères, mais ils préfèrent de loin les fruits sauvages. D'autres encore se contentent d'avaler de pleines bouchées d'insectes en éventrant des fourmilières ou des termitières. Les pandas géants, eux, ne mangent que du bambou.

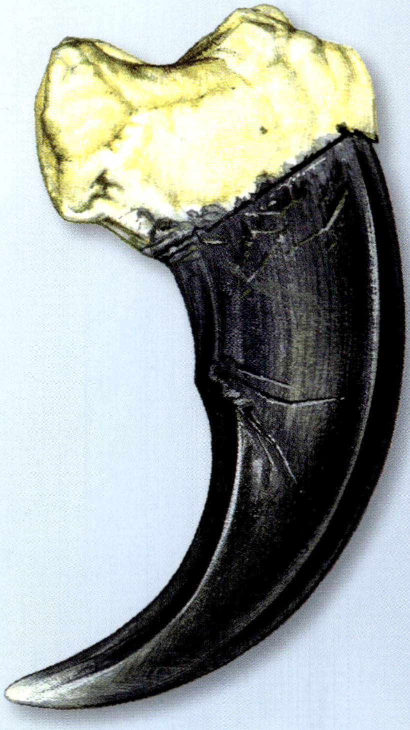

Couteau, fourchette et cuillère La longue griffe des ours peut mesurer jusqu'à 10 cm (spécimen en taille réelle ci-contre). Elle leur sert à couper, à trancher, à racler, à creuser, à porter, à lancer, etc.

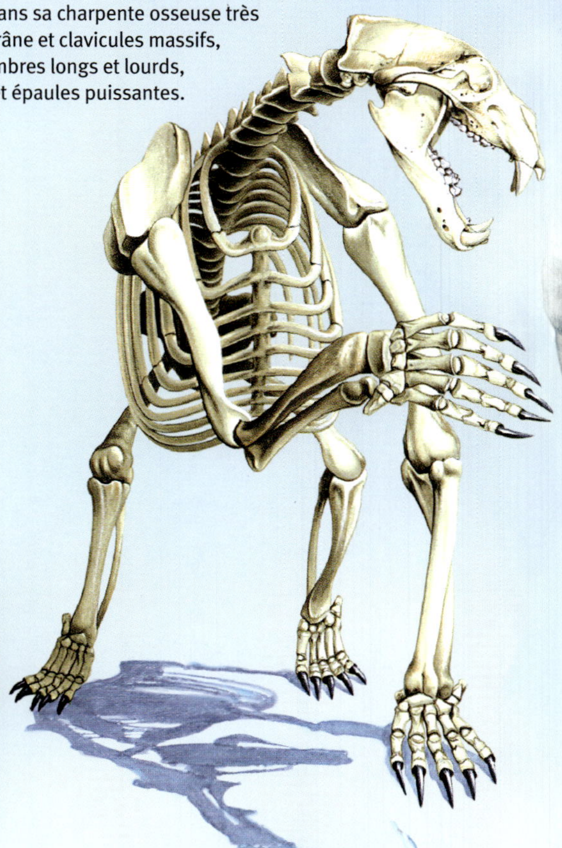

Histoire d'os La force de l'ours réside en partie dans sa charpente osseuse très robuste : crâne et clavicules massifs, os des membres longs et lourds, cou épais et épaules puissantes.

LES OURS, DE VRAIS OMNIVORES

Les ours apprécient quasiment tous les aliments. Ils sont souvent attirés par les nourritures qu'aiment les humains, telles que les fruits, le miel et même nos déchets, ce qui est la source de bien des conflits. Les hommes sont d'ailleurs les seuls prédateurs de l'ours.

Proche de l'homme L'ours brun préfère souvent se satisfaire de déchets plutôt que de s'épuiser à la chasse.

Retour à la nature Un ours paresseux arrache le sommet d'une termitière et aspire les insectes grâce à ses lèvres très mobiles.

Le grand tueur blanc

À peine visible au milieu des immensités glacées de l'Arctique, l'ours polaire attend que les phoques remontent à la surface pour respirer, puis les tue d'un coup de griffes et les tire hors de l'eau.

Grand méchant ours *Avec ses quelque 680 kg, l'ours polaire est le plus gros spécimen de la famille des ours.*

Un nez sensible *Son odorat très développé lui permet de repérer les trous par lesquels les phoques remontent à la surface pour respirer.*

Dents-outils *Ses molaires coupantes cisaillent la chair de ses proies, qu'il agrippe et maintient à l'aide de ses longues canines.*

De vrais battoirs *La paume de l'ours polaire mesure environ 30 cm de diagonale (longueur d'une règle d'écolier).*

LES CHIENS SAUVAGES ET LES LOUPS : FAITS ET CHIFFRES

- VARIÉTÉ : 35 espèces de canidés, dont les loups gris, les coyotes, les chacals, les chiens sauvages d'Afrique, les renards, etc.
- ATOUTS : vision et odorat, crocs, endurance à la course, chasse en meutes
- LE PLUS GROS / LE PLUS PETIT : le loup gris / le fennec
- PROIES : ongulés, lapins, rongeurs, oiseaux et insectes
- CONSERVATION : toutes les espèces sont menacées

Chiens sauvages et loups

Les loups peuvent s'enorgueillir d'une vue et d'un odorat excellents, utiles pour repérer leurs proies, de pattes et de poumons résistants, nécessaires pour chasser sur de longues distances, et de 42 dents redoutables. Mais leur principal atout, c'est de chasser en meutes. Ce mode de chasse leur permet en effet de s'attaquer à des proies bien plus grosses qu'eux. Un élan de 600 kg peut ainsi être mis à bas par un groupe de 6 à 8 loups, et un zèbre de 350 kg est facilement tué par une meute de 10 à 20 chiens sauvages d'Afrique. Néanmoins, certains canidés, tels que le renard, s'en prennent à des proies plus petites, lapins et autres rongeurs, qu'ils chassent seul ou à deux.

De solides pattes *Dressés sur la pointe de leurs pattes, les loups sont des coureurs très endurants. Sur de courtes distances, ils peuvent atteindre jusqu'à 65 km/h.*

BONNE FIGURE

Plus les chiens sauvages travaillent en groupes, plus ils sont efficaces. Pour se coordonner, ils communiquent entre eux grâce à des expressions, comme le font les humains, et à certains sons, odeurs et attitudes.

Travail d'équipe

Une meute de loups est capable de pourchasser un élan sur des kilomètres. Lorsque celui-ci s'épuise et trébuche dans la neige, ils l'encerclent pour le tuer. Chaque loup s'attaque alors à une zone distincte de la proie : le nez, le cou, la gorge ou les pattes.

Les meneurs *Une meute est composée d'un couple d'adultes, de leurs petits et de plusieurs frères ou sœurs aînés. Les deux adultes mènent le groupe.*

À l'écoute *Le loup a une bien meilleure ouïe que l'être humain. Il peut orienter ses oreilles jusqu'à 180°, pour déterminer d'où provient un son.*

LES REQUINS : FAITS ET CHIFFRES

VARIÉTÉ : 500 espèces, dont les anges de mer, les requins-bouledogues, les requins dormeurs, les requins de récif, les requins requiems, etc.	
ATOUTS : sept sens aiguisés, dents, force	
LE PLUS GROS / LE PLUS PETIT : le requin-baleine, le requin-chat pygmée	
PROIES : divers animaux marins et plantes (phytoplancton)	
TECHNIQUES DE CHASSE : poursuite, embuscade, filtrage	
CONSERVATION : 100 espèces sont menacées ou en péril	

Les rois des mers :
les requins

Aucun animal ne symbolise autant les prédateurs que le requin. Ses dents impressionnantes, conçues pour arracher la chair de ses victimes, sont couplées à un corps puissant et rapide, qui lui permet de fondre à toute vitesse sur ses proies. Les plus gros spécimens, comme le requin-baleine, se nourrissent de plantes et d'animaux marins minuscules : le plancton. Parmi les 500 espèces existantes, la moitié ne mesurent pas plus d'un mètre et ne se nourrissent que de petits poissons et de coquillages. Les requins les plus dangereux sont de taille moyenne. Ils mesurent généralement deux mètres de long, mais certains font jusqu'à six mètres. Ils sillonnent les eaux côtières, peu profondes, à la recherche de proies telles que les phoques.

Repas bien gras *Les requins blancs chassent les bébés phoques dont le corps contient beaucoup de graisse.*

Détecteur *Le requin dispose d'une sorte de détecteur de mouvements, qui lui permet de repérer rapidement toute proie éventuelle.*

DIVERSITÉ DE L'OCÉAN

Les requins utilisent de nombreuses astuces pour se nourrir, mettant à profit leur corpulence, leur large gueule ou leur queue agile.

Le glouton
En ouvrant son immense gueule, le requin-pèlerin avale un énorme banc de plancton d'une seule traite.

Coup de tête
À l'aide de sa tête, le requin-marteau plaque les raies sur le sable, puis leur mord les ailerons.

L'assommoir
Le requin-renard assomme les poissons en les frappant de sa longue queue.

Les yeux *Les requins ont de très bons yeux, qui leur permettent de voir, y compris dans l'obscurité.*

Détecteur d'odeurs *Le nez très sensible du requin peut détecter la présence dans l'eau de petites quantités de substances odorantes, telles que le sang.*

Bien rangées *Les dents pointues et triangulaires sont organisées en deux ou trois rangées de 26 dents en haut et de 24 dents en bas.*

Mâchoire élastique

L'attache de sa mâchoire à son crâne est assez souple pour lui permettre d'ouvrir sa gueule très largement et de croquer de grosses proies.

1. La mâchoire du requin est au repos, dans une position normale.
2. En pointant le nez et en abaissant la mâchoire inférieure, il ouvre sa gueule.
3. Il écarte la mâchoire supérieure pour mordre.

Électricité aquatique

Les ampoules de Lorenzini, présentes sur le nez du requin, sont des pores spécifiques qui détectent l'activité électrique de ses proies.

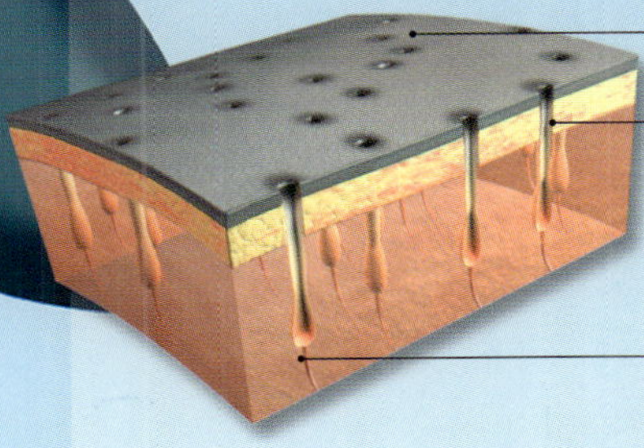

À table !

Avec ses 6 m de long et ses 3 000 kg, le grand requin blanc peut s'attaquer à des proies telles que le phoque, le dauphin ou le lion de mer. Quand la proie est vidée de son sang et qu'elle remonte à la surface, le requin la dévore.

LES ALLIGATORS ET LES CROCODILES : FAITS ET CHIFFRES

VARIÉTÉ : 23 espèces, dont les gavials, les alligators américains ou chinois, les caïmans et les crocodiles

ATOUTS : force, souplesse, vitesse, dents pointues, mâchoire puissante

LE PLUS GROS / LE PLUS PETIT : le crocodile indopacifique / le caïman nain

PROIES : insectes, grenouilles, reptiles, oiseaux, mammifères, poissons

TECHNIQUES DE CHASSE : embuscade

CONSERVATION : toutes les espèces sont menacées, quatre sont en danger

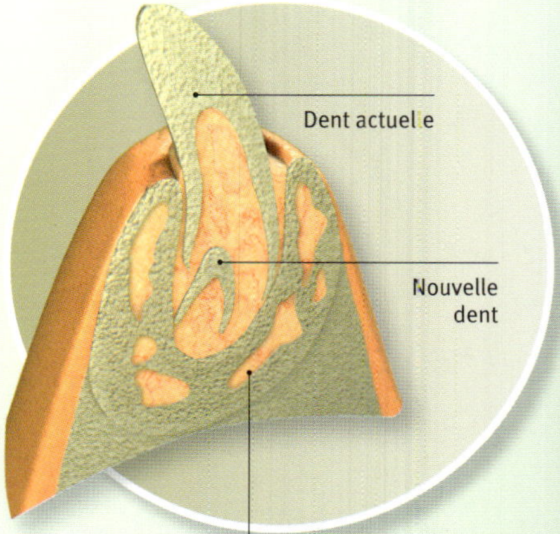

Belles dents Crocodiles et alligators renouvellent leurs dents au fur et à mesure. La nouvelle dent pousse au travers de l'ancienne, qu'elle finit par éjecter.

Alligators et crocodiles

Les crocodiles et les alligators usent tout à la fois de leur force, de leur souplesse, de leur vitesse et de leurs dents redoutables pour chasser. Dans cette famille de reptiles, qui comprend aussi les caïmans et les gavials, la taille de chaque animal peut varier de celle d'un vélo à celle d'une limousine. Exclusivement carnivores, ces prédateurs se jettent sur toutes sortes de proies, en allant du poisson jusqu'au zèbre. Ils s'attaquent même parfois à l'homme. Néanmoins, une fois repus, ils peuvent tenir pendant plusieurs mois, jusqu'à ce qu'une nouvelle proie se présente...

MENUS MORCEAUX

Le crocodile secoue violemment sa proie jusqu'à la mettre en pièces. Chaque morceau est ensuite avalé tout rond. Les pierres contenues dans le premier estomac broient les morceaux, puis les sucs gastriques du second estomac les digèrent.

Un crocodile secoue violemment un kangourou pour le disloquer.

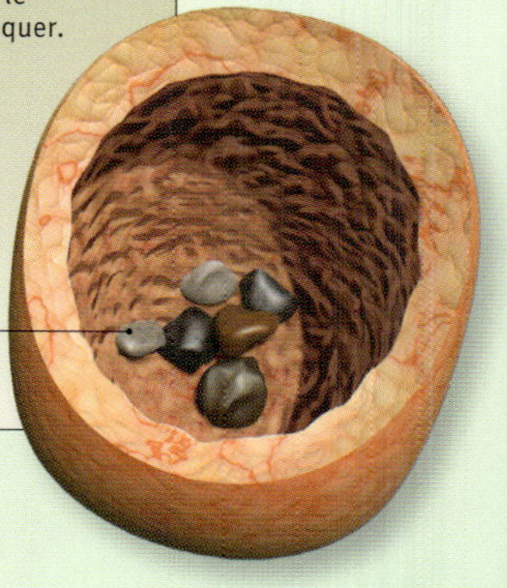

On appelle gastrolithes les pierres contenues dans l'estomac du crocodile.

Queue à moteur *Grâce à sa queue puissante, le crocodile se déplace très rapidement dans l'eau.*

À l'affût *En ne laissant dépasser que ses yeux, son nez et ses oreilles de l'eau, ce crocodile du Nil a tout l'air d'un tronc d'arbre.*

Prise de nez

Sur la terre ferme, les zèbres distancent facilement les crocodiles du Nil ; mais il en va autrement lorsqu'ils pataugent dans la boue pour se désaltérer. Le plus souvent, le crocodile saisit sa proie par le museau. Affaibli, le zèbre n'a d'autre choix que de se laisser entraîner dans l'eau, où le crocodile prendra le dessus.

Morsure fatale *La mâchoire du crocodile peut exercer une pression cinq fois plus importante que la mâchoire humaine.*

La fusée *Jaillissant de l'eau comme une fusée, le crocodile crée l'effroi dans le troupeau de zèbres. Il est sûr d'en attraper au moins un.*

MAMMIFÈRES
OISEAUX
REPTILES ET AMPHIBIENS
POISSONS
INVERTÉBRÉS

LES OISEAUX DE PROIE : FAITS ET CHIFFRES

- VARIÉTÉ : 500 espèces, dont l'aigle royal, le grand duc d'Amérique, la buse à queue rousse, etc.
- ATOUTS : serres pointues, bonne vue, bec tranchant
- LE PLUS GROS / LE PLUS PETIT : l'aigle mangeur de singes / le fauconnet à pattes noires
- PROIES : singes, renards, rongeurs, poissons, autres oiseaux, insectes
- TECHNIQUES DE CHASSE : traque, chasse en vol, prise dans les serres
- CONSERVATION : toutes les espèces sont vulnérables ou menacées

Les oiseaux de proie

Une excellente vue, un vol rapide, des serres acérées, un bec crochu, etc. : les oiseaux de proie ne manquent pas d'atouts. Ce sont généralement de grands oiseaux, y compris les aigles, les faucons ou les hiboux. L'envergure des ailes de l'aigle harpie féroce, mangeur de singes, atteint par exemple la taille d'un basketteur professionnel. Les condors – des charognards – ont, eux, une envergure comparable à celle de petits avions. Notons que, bien que tout oiseau mangeant des proies vivantes puisse être considéré comme un prédateur, à l'inverse, tous les oiseaux prédateurs ne sont pas des oiseaux de proie (c'est le cas notamment du rouge-gorge ou du corbeau).

STYLE DE CHASSE

Chaque prédateur adapte sa technique à la proie qu'il chasse et au milieu dans lequel il évolue.

Plonger pour dîner Un martin-pêcheur repère un poisson. Il plonge dans l'eau la tête la première puis « harponne » le poisson avec son bec.

Précis comme une flèche Du haut de sa position, le faucon repère sa proie puis fond sur elle comme guidé par un laser. Ensuite, il l'assomme et la saisit avec ses serres.

Milan gourmand Un milan survole les forêts à la recherche de cigales, de libellules et d'autres gros insectes. Il utilise ses serres pour attraper ces amuse-bouches qui volent à faible altitude.

La chasse au poisson

Tout en volant très haut dans le ciel, ce pygargue à tête blanche repère un poisson dans une mare. Il plonge et l'attrape avec ses redoutables serres. Il le rapporte ensuite dans son nid, où il le dégustera à coups de bec tranchant, en le découpant en petits morceaux.

Des pattes très robustes *Ces pattes très musclées sont des armes efficaces pour saisir et emporter les proies.*

Pattes et ailes
Les os des ailes d'un oiseau sont comparables à ceux d'un bras humain. Les muscles du battement sont attachés à l'humérus, les plumes principales, au manus, et les plumes secondaires, au cubitus et au radius.

Plumes de la queue
Elles jouent le rôle de balancier, de gouvernail ou de frein lors des plongeons.

Vision stéréo
Un pygargue à tête blanche peut fixer ses deux yeux sur le même objet (vision stéréoscopique). Cela lui permet d'évaluer à quelle distance se trouve sa proie et d'ajuster son attaque en fonction. Son champ de vision périphérique est également important.

Plumes ajustées
Les vanneaux sont attachés à l'axe central. Des pointes croisées relient les vanneaux et permettent aux plumes d'être à la fois plates et flexibles.

LES FORÊTS TROPICALES : FAITS ET CHIFFRES

Localisation : Amazonie, Afrique centrale, Asie du Sud-Est, Nouvelle-Guinée, Australie, Nouvelle-Zélande, etc.

Animaux : jaguars, tigres, tapirs, aigles mangeurs de singe, gorilles, orangs-outans, etc.

Plantes : palmiers, bambous, orchidées, lianes, etc.

Principales menaces : feux, agriculture, plantations, chasse excessive, etc.

Sous le feuillage des forêts tropicales

Plus des deux tiers des espèces d'animaux et de plantes vivent dans les forêts tropicales. Ces forêts, où il tombe plus de 1,8 m d'eau de pluie chaque année, se trouvent en Afrique, en Asie, en Australie et en Amérique du Sud. Les espèces qu'on y rencontre sont différentes d'un continent à l'autre mais ont des comportements similaires. Ainsi, en Asie, le tigre est le prédateur des cerfs et des cochons ; en Afrique, les léopards chassent les singes et les antilopes ; en Amazonie, la plus grande forêt tropicale au monde, les jaguars dévorent tortues et pécaris, et, en Australie, le diable de Tasmanie, un marsupial qui a disparu aujourd'hui, avait pour habitude de décimer les marsupiaux herbivores.

1

Un goût de mort

Certaines grenouilles contiennent assez de toxines dans leur corps pour empoisonner tous les prédateurs qui les avalent. Elles produisent leur poison grâce aux insectes, araignées et autres serpents qu'elles mangent.

FINES OREILLES

Certaines chauves-souris repèrent les crapauds aux sons qu'ils émettent lorsqu'ils appellent au rut. Dès qu'elles entendent leurs cris, elles plongent sur leurs proies, canines en avant.

Une chauve-souris peut évaluer la taille d'une grenouille à son cri.

Une grosse faim

La plupart des piranhas sont omnivores : ils mangent des fruits, des graines ou de la chair de poissons et de mammifères. Si un animal blessé gît dans l'eau, les piranhas, attirés par le sang, vont accourir et le dévorer jusqu'à ce qu'il ne reste plus que son squelette.

1 **Le boa émeraude** *Tout en balançant sa gueule au-dessus du sol, un boa émeraude attend qu'un petit mammifère passe près de lui. Si une proie approche, il l'attrape à l'aide de ses longs crochets, puis l'enserre avec son corps jusqu'à l'étouffer totalement.*

2 **De rares, mais gros repas** *Les caïmans se cachent dans les eaux peu profondes des rivages. Ils peuvent attraper des animaux aussi gros que des cochons ou des cerfs. Un tel festin peut les nourrir pour plusieurs mois.*

3 **Chasseur de tortues** *Avec leurs puissantes mâchoires et canines, les jaguars peuvent broyer la carapace très épaisse des tortues. Les jaguars sont les seuls félins à se nourrir de tortues. Ils les chassent au bord de l'eau.*

Attention, danger !

Sous les feuillages denses et touffus, le cours de cette petite rivière amazonienne semble paisible. Pourtant, dans l'eau comme sur la rive, le danger est bien présent. Les jaguars guettent les tortues ; les caïmans et les boas émeraude attendent patiemment des proies ; et les piranhas sont prêts à festoyer.

LES DÉSERTS : FAITS ET CHIFFRES

LOCALISATION : Mojave, Chihuahua, Sahara, Kalahari, Namibie, Gobi, Victoria, Gibson, etc.

ANIMAUX : antilopes, gerboises, lièvres, renards, chats des sables, chameaux, tortues du désert, vipères à cornes

PLANTES : palmiers, cactus, plantes grasses, buisson de créosote

PRINCIPALES MENACES : pâturages intensifs, chasse excessive, exploitation gazière ou pétrolière

Dans la chaleur des déserts

Les déserts couvrent environ un quart de la surface terrestre. On en trouve sur tous les continents du globe. Certains déserts sont chauds et secs, comme le Sahara africain. D'autres, comme le désert de Gobi en Asie, sont chauds en été mais froids en hiver. Les régions polaires sont aussi des zones désertiques. Les déserts reçoivent moins de 25 cm de précipitations par an, et peuvent même ne pas en recevoir du tout. Les températures peuvent y atteindre plus de 49 °C en pleine journée ou l'été, et peuvent y descendre à – 40 °C la nuit ou l'hiver. Malgré ces températures extrêmes, les déserts offrent une grande diversité de plantes, de prédateurs et de proies. Les plus célèbres prédateurs et proies des déserts sont les guépards et les gazelles en Afrique, les aigles royaux et les gros lièvres communs en Amérique du Nord, et les loups et les ânes sauvages en Asie.

QUEL SPRINTER !

Les géocoucous peuvent courir à plus de 24 km/h pour attraper une proie. Mesurant 60 cm, ils sont assez grands pour capturer serpents, lézards, petits rongeurs, oiseaux et insectes.

La proie est avalée en entier très lentement.

Du fait de ses ailes courtes, le géocoucou ne peut planer que quelques secondes.

Les longues jambes puissantes du géocoucou lui permettent de courir très vite.

Les monstres du désert
Le monstre de Gila est un lézard venimeux. Il diffuse sa salive toxique dans la chair de jeunes lapins, de petits rongeurs et d'oiseaux. Il mord sa proie jusqu'à ce que son poison la tue.

Des rapaces géants *Grâce à leurs grandes ailes allant jusqu'à 2 m d'envergure, les vautours de Turquie sillonnent le ciel à la recherche de charognes. Contrairement à la plupart des oiseaux, ces vautours ont un odorat développé, qui leur permet de repérer les odeurs de chairs en décomposition.*

Piqueur géant *Fort de ses 15 cm de long, le scorpion géant du désert est le plus grand scorpion du continent nord-américain. Il capture des petites proies avec ses pinces, puis injecte du venin dans le corps de sa victime à l'aide de sa queue pointue.*

Détecteur de chaleur *Le serpent à sonnette se déplace rapidement sur le sable, par ondulation de son corps. Il chasse les souris, les rats et les lézards. Pour repérer ses proies, il détecte leur chaleur.*

Fin de journée

Dans le désert suffocant du Sonora (au sud-ouest des États-Unis), la plupart des prédateurs chassent leurs proies à l'aube ou à la tombée de la nuit, quand les températures sont un peu plus clémentes. Les serpents à sonnette inspectent les terriers des petits rongeurs. Les monstres de Gila se saisissent des lapins qui grignotent de petites plantes, et les scorpions piqueurs pourchassent les serpents aveugles.

LE MONDE POLAIRE : FAITS ET CHIFFRES

Localisation : mer de Béring, Antarctique, mer de Weddell, etc.

Animaux : ours polaires, phoques, baleines, pingouins, calmars, krill, etc.

Plantes : plancton, mousses, herbes rases, laîche, etc.

Principales menaces : évolution du climat, forage pétrolier ou gazier, mines, pêche et chasse intensives

Sous et sur la glace : le monde polaire

De nombreux animaux, résistants au froid, vivent aux pôles Arctique et Antarctique. Les phoques, protégés par leur épaisse couche de graisse, y cohabitent notamment avec les orques, les baleines et les skuas. En revanche, les ours blancs ne vivent qu'en Arctique, et les manchots, qu'en Antarctique. Mais l'animal le plus important, au pôle Nord comme au pôle Sud, c'est le krill. Celui-ci pullule dans les eaux glacées. Il est d'ailleurs l'aliment de base de la plupart des animaux de ces régions. Le krill se nourrit de phytoplancton et de zooplancton, qui sont des plantes et des animaux minuscules flottant à la surface. En Antarctique, on estime qu'il y a des centaines de millions de tonnes de krill.

Voleur d'œufs *Même si les skuas mangent plutôt du poisson, les œufs de pingouins constituent également un bon apport nutritif pour leurs petits.*

Chaud et froid en Antarctique

Le froid glacial ne refroidit pas pour autant l'ardeur des prédateurs. Ici, même les prédateurs peuvent devenir des proies. Les calmars chassent les poissons, les manchots chassent les poissons et les calmars, et les orques mangent les uns comme les autres !

UNE VRAIE PASSOIRE

Le phoque crabier, qui mange du krill et non pas des crabes, possède des dents spéciales, dotées de nombreuses cavités. Quand ses mâchoires inférieure et supérieure se rejoignent, cela forme une sorte de passoire, qui laisse s'écouler l'eau mais retient le krill.

Au sommet de la chaîne alimentaire *Les orques sont les prédateurs les plus redoutables de l'Antarctique. Ni les manchots, ni les phoques ni même les baleines ne peuvent leur tenir tête.*

Phoques en danger *En Antarctique, des millions de phoques crabiers vivent dans les eaux et sur la banquise. Ils se nourrissent de krill, dont le nombre décroît avec le réchauffement climatique.*

Manger et être mangé *Le krill, qui vit en bancs, est facile à avaler par les prédateurs. Lui-même se nourrit d'algues, de petits animaux et de plantes appelés zooplancton et phytoplancton.*

Le roi manchot *Bons nageurs, les manchots pourchassent poissons et calmars. Leurs nageoires leurs permettent de plonger jusqu'à 300 m. Mais s'ils s'aventurent trop en profondeur, ils risquent de croiser la route des orques ou des léopards de mer.*

Nourriture abondante *Les calmars sont très abondants : environ 90 millions de tonnes rien qu'en Antarctique. Un tiers d'entre eux sont mangés chaque année par les baleines, les phoques et les oiseaux marins.*

LES BARRIÈRES DE CORAIL : FAITS ET CHIFFRES

LOCALISATION : barrière de la mer Rouge, barrière de Roatan, barrière de Hawaï, barrière de Floride

ANIMAUX : mérous, poissons-clowns, chirurgiens, clams, corail, étoiles de mer, anémones, homards, hippocampes, etc.

PLANTES : corallines, algues, herbes marines, etc.

PRINCIPALES MENACES : augmentation de la température, ce qui dépigmente le corail ; cueillette du corail ; pollution

Sous la mer : les barrières de corail

À demi vivantes à demi mortes, les barrières de corail sont d'étonnantes structures sous-marines. Elles résultent de l'accumulation des squelettes des polypes de corail. La formation d'une barrière prend plusieurs centaines d'années. La plus importante au monde, la Grande Barrière de corail, qui se situe sur la côte est de l'Australie, a commencé sa formation il y a près de 20 000 ans. On ne trouve les barrières de corail que dans les eaux tropicales peu profondes, principalement dans le Pacifique et dans l'océan Indien, plus rarement dans l'Atlantique et les Caraïbes. Bien que ces barrières couvrent des surfaces limitées, elles attirent une grande variété d'animaux et des prédateurs aussi divers que les requins et les anémones de mer.

Marchand de sable *Les dents du poisson-perroquet forment une sorte de bec qui lui permet de mâcher le corail et les algues. Ce poisson rejette sous forme de sable le corail qu'il a ainsi prélevé.*

L'aspirateur *Un mérou attend le passage d'un poisson. Dès qu'une proie se présente, il gonfle ses ouïes puis l'aspire.*

Pieuvre aux anneaux bleus *Sa morsure, qui peut paralyser immédiatement, en fait la plus venimeuse des créatures sous-marines. Elle utilise son bec pour arracher sa nourriture et la manger.*

Mangeur d'algues *Le corail tire la plus grande part de son énergie d'une algue baptisée zooxanthellae, qui vit dans les polypes coralliens. Il se nourrit aussi de zooplancton, qu'il capture à l'aide de ses tentacules.*

Harponné *Une coquille de cône éjecte sa langue venimeuse pour transpercer un poisson, puis rétracte le tout pour le manger.*

Un monde étrange

Les prédateurs qui peuplent la Grande Barrière de corail déploient tous des stratégies originales : les coquilles de cône harponnent, les mérous aspirent, les balistes utilisent une sorte de burin, tandis que les requins-marteaux patrouillent sans cesse en quête d'une proie.

Appâter et frapper *La seiche peut paralyser instantanément un petit poisson à l'aide de ses tentacules venimeux.*

Super-détecteur *La tête très large du requin-marteau lui permet d'inspecter les environs, à la recherche des signaux électriques de ses proies.*

Les éboueurs de l'océan *Les crabes se nourrissent d'à peu près n'importe quoi, y compris d'algues et de déchets divers.*

Le pouvoir des fleurs *Lorsqu'un poisson ou un crustacé effleure les tentacules de l'anémone, ces derniers le harponnent puis l'empoisonnent.*

Le baliste titan *Il utilise ses dents en forme de ciseaux et sa mâchoire très puissante pour broyer le corail et les coquillages.*

TUEUR DE CORAIL

Les étoiles de mer « couronnes d'épines » sont les pires prédateurs du corail. Depuis que les humains se sont mis à pêcher l'escargot de mer triton, qui est le principal prédateur de ces étoiles de mer, ces dernières ont fortement proliféré, ce qui conduit à une destruction massive du corail.

Un triton géant dévorant une étoile de mer.

LES GRANDES PLAINES : FAITS ET CHIFFRES

LOCALISATION : savane africaine, grandes plaines d'Amérique du Nord, prairies australiennes, etc.

ANIMAUX : gnous, guépards, bisons, grizzlis, pumas, kangourous, dingos, gazelles, loups, etc.

PLANTES : herbes

PRINCIPALES MENACES : agriculture, pâturages intensifs, évolution globale du climat

Les grandes plaines

Savanes, pampas, plaines et steppes sont de vastes prairies. Les précipitations n'y sont pas assez fortes pour que des arbres y poussent, mais des pluies saisonnières favorisent la pousse de hautes herbes, dont raffolent les herbivores. Les grandes plaines sont le terrain de chasse privilégié des grands carnivores. En Amérique du Nord, par exemple, les loups chassent les bisons. Dans la steppe eurasienne, les aigles royaux traquent les antilopes et, dans la pampa, le puma pourchasse les guacanos. En Australie, les dingos se nourrissent de kangourous. En Afrique, ce sont des gnous et des zèbres que dévorent les lions. Les pluies étant très localisées, les troupeaux d'herbivores migrent très souvent, suivis de près par leurs prédateurs.

Fast-food *Les gazelles de Thompson sont les animaux les plus rapides du parc, à l'exception des guépards, qui, hélas, aiment particulièrement les chasser.*

Eau dangereuse *L'eau est rare dans les plaines. Les gnous se regroupent donc autour des points d'eau. Hélas, les crocodiles les guettent.*

1 La part du lion Le lion qui vient de tuer un zèbre tient les autres prédateurs en respect (hyènes ou vautours) tant qu'il n'a pas mangé tout son saoul.

2 Deuxième position Lorsque le lion abandonne sa proie, les hyènes viennent dévorer les restes. Elles vont jusqu'à briser les os pour en sucer la moelle.

3 Les nettoyeurs Les vautours se joignent enfin aux hyènes et parfois même leur disputent les restes. Leur bec se glisse là où le museau d'un mammifère ne pourrait aller.

Pas de gâchis

La compétition est telle dans le parc du Serengeti (Tanzanie) qu'aucune parcelle de viande n'est gâchée. Parfois le prédateur lui-même devient une proie.

Un péril constant

Les prédateurs ne manquent pas dans le parc du Serengeti, en Tanzanie. Ils y chassent principalement les gnous et les phacochères. Ces derniers, bien que constamment en alerte, tombent souvent sous leurs griffes. Les points d'eau sont particulièrement dangereux.

Coup de pied *Avec ses sabots larges comme des assiettes, la girafe peut tuer un lion d'un seul coup. C'est pourquoi les prédateurs la laissent tranquille.*

Antivol *Un léopard hisse en haut d'un arbre le phacochère qu'il vient de tuer pour le mettre à l'abri des lions et des hyènes.*

Caché dans l'eau *Seuls le nez et les yeux du crocodile du Nil affleurent au-dessus de l'eau, ce qui lui permet de s'approcher de sa proie sans être vu.*

BÊTE À COMPOST

On trouve des bousiers partout dans le monde. Ils se nourrissent des excréments des mammifères ; en les décomposant, ils restituent à la terre les éléments nutritifs contenus dans le crottin.

Roule ma boule Le bousier confectionne des boules de crottin, plus faciles à transporter.

Divers prédateurs

Classer les prédateurs

Les animaux sont classés en différents groupes en fonction des affinités qui les réunissent. Cela permet d'organiser toutes nos connaissances sur les prédateurs et sur leurs proies.

Règne animal

Invertébrés
Animaux sans colonne vertébrale

Échinodermes

Étoiles de mer « couronnes d'épines »
Voir page 56

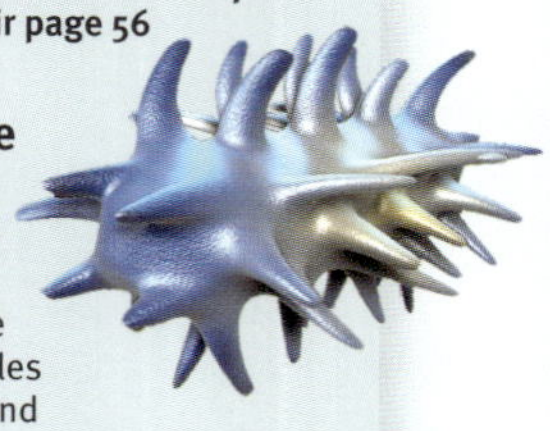

Concombre de mer
Taille : *20 cm de long*
Le concombre de mer avale les déchets au fond de l'océan.

RÉSERVE DE NOURRITURE

Les vertébrés (mammifères, oiseaux, poissons, reptiles, etc.) ne représentent que 5 % à peine des espèces connues. Les invertébrés, les animaux sans colonne vertébrale, sont de loin les plus nombreux. La famille des arthropodes, qui comprend les insectes, est la plus nombreuse. Ces animaux sont aussi les proies les plus abondantes.

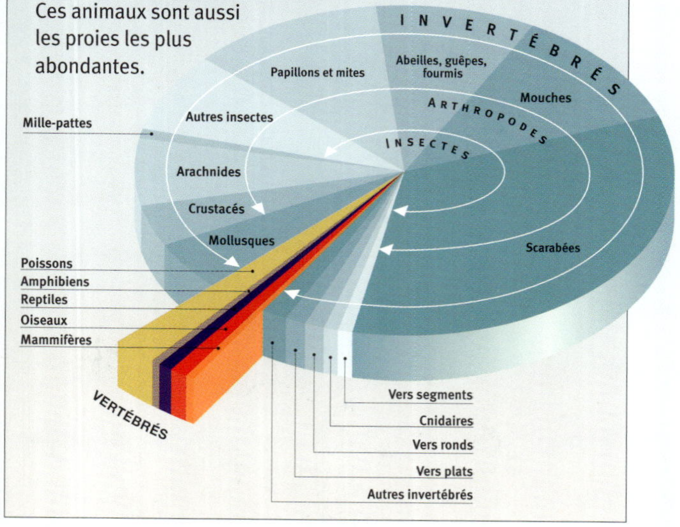

Arthropodes

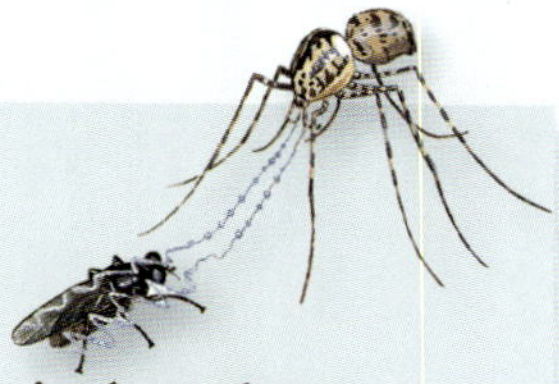

Araignée cracheuse
Taille : *8 mm de long*
Elle attrape ses proies en crachant un liquide collant qui les immobilise.

Bernard-l'ermite
Voir page 14

Mante religieuse
Taille : *7,5 cm de long*
Elle se sert de ses pattes avant très rapides pour transpercer ses proies.

Rhysse Cannelle
Taille : *12,5 cm de long*
Ces guêpes déposent leurs œufs dans le corps d'autres insectes. Quand les œufs éclosent, les petits dévorent leur hôte.

Vers

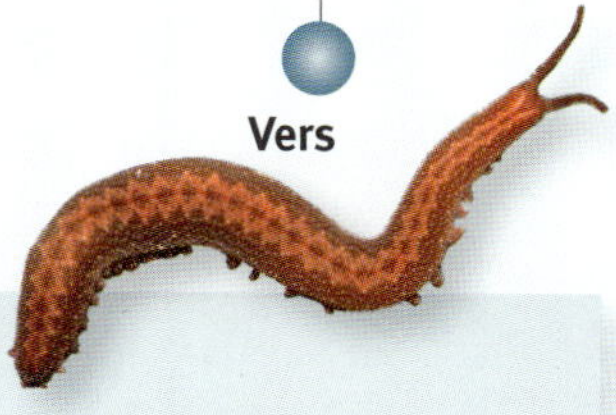

Péripates
Taille : *jusqu'à 20 cm*
Le péripate attrape ses proies grâce à un liquide visqueux, stocké dans les glandes qui sont sur sa tête.

Cnidaires

Méduse portugaise
Voir page 21

Anémone de mer
Voir page 57

Mollusques

Calmar géant
Voir page 22

Pieuvre à anneaux bleus
Voir page 56

Nudibranches
Taille : *jusqu'à 57 cm*
Les nudibranches se nourrissent d'autres invertébrés marins. Certains se dévorent même entre eux.

Petit
Malgré sa taille minuscule (moins de 1 cm), le krill est l'aliment de base de la baleine bleue, le plus gros animal qui existe sur terre. Le krill se nourrit, lui, de phytoplancton.

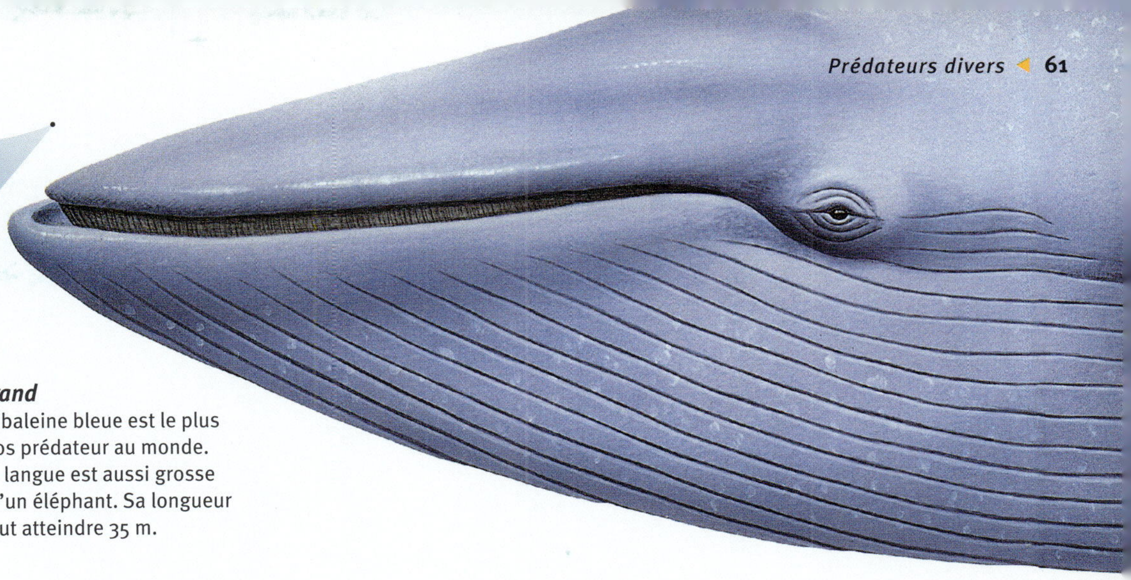

Grand
La baleine bleue est le plus gros prédateur au monde. Sa langue est aussi grosse qu'un éléphant. Sa longueur peut atteindre 35 m.

Vertébrés
Animaux avec colonne vertébrale

Poissons

Poisson-pierre
Voir page 21

Anguille de Gulper
Taille : *jusqu'à 2 m de long*
Elle se sert de sa large bouche comme d'un filet pour attraper ses proies.

Espadon
Voir page 24

Requin mako
Taille : *jusqu'à 4 m de long*
Ce requin très vif est réputé pour son comportement agressif et ses bonds hors de l'eau.

Amphibiens

Grenouille toxique
Voir page 15

Salamandre tachetée
Taille : *30 cm de long*
Elle se nourrit surtout d'invertébrés. Sa langue collante est un piège dont on ne se défait pas.

Amphiume
Taille : *1 m de long*
Cette anguille chasse les grenouilles, les serpents, les poissons, les insectes, et parfois même ses congénères.

Crapaud à ventre de feu
Taille : *7 cm de long*
Il repousse ses prédateurs en exhibant son ventre de couleur très vive.

Reptiles

Dragon de Komodo
Voir page 34

Tortue de Malaisie
Taille : *20 cm*
Cette tortue de Malaisie vit dans l'eau où elle chasse les escargots et autres invertébrés.

Serpent corail
Taille : *60 cm de long*
Très venimeux, il s'attaque aussi bien à d'autres serpents qu'aux lézards ou aux rongeurs.

Oiseaux

Albatros
Envergure : *jusqu'à 3,5 m*
Ces grands oiseaux se nourrissent de calmars, de poissons et de krill.

Oiseau-secrétaire
Taille : *1,2 m de haut*
Il chasse ses proies non pas en volant mais en marchant (lézards, serpents, etc.).

Manchot royal
Voir page 54

Flamant rose
Voir page 16

Mammifères

Léopard des neiges
Voir page 38

Belette
Taille : *jusqu'à 35 cm*
Bien que de petite taille, les belettes sont de féroces prédateurs qui se nourrissent d'autres petits mammifères.

Dauphin
Voir page 26

Ours brun
Voir page 40

Glossaire

Adaptation : ensemble de dispositions anatomiques et de comportements qui permettent aux animaux de survivre et de se reproduire dans leur milieu.

Amphibiens : animaux vertébrés vivant sur terre ou dans l'eau. Les grenouilles, salamandres, crapauds ou tritons sont des amphibiens.

Ampoules : les ampoules de Lorenzini sont des cellules nerveuses spécifiques que l'on trouve sur le nez des requins.

Antennes : récepteurs sensoriels qui se trouvent sur la tête des insectes.

Araignées : groupe d'invertébrés dotés de huit pattes.

Azote : substance chimique essentielle au développement des plantes et des animaux.

Bactérie : micro-organisme unicellulaire. Certaines bactéries sont sources d'infection, d'autres sont utiles.

Bec : extrémité pointue de la tête d'un oiseau. Chez les oiseaux de proie, le bec est crochu pour mieux arracher la chair des victimes.

Binoculaire (vision) : capacité à fixer ses deux yeux sur un seul et même objet. Elle permet aux prédateurs de mieux évaluer les distances.

Bioluminescence : capacité d'organismes vivants à créer de la lumière.

Braconnage : chasse illégale d'animaux sauvages.

Camouflage : manière dont un animal se fond dans son environnement pour guetter ses proies ou se protéger des prédateurs.

Canidés : famille d'animaux qui comprend les chiens, les loups et les renards.

Canines (dents) : dents comprises entre les incisives et les molaires. Les félins les utilisent pour tuer leurs proies.

Carnassières : ces molaires tranchantes comme des ciseaux sont utilisées par les prédateurs pour couper des quartiers de chair.

Carnivore : animal se nourrissant de viande.

Charognard : animal qui mange la chair d'animaux tués par d'autres prédateurs que lui.

Chelicerae : mandibules en formes de pinces que l'on trouve chez les araignées, les scorpions, les tiques et les mites.

Colonie : vaste groupe d'animaux d'une même espèce qui vivent, chassent et se défendent ensemble.

Conservation : ensemble des efforts faits par l'homme pour préserver les ressources naturelles de la Terre, y compris animales, pour les générations futures.

Crochets : dents longues et fines des araignées ou des serpents, conçues pour transpercer les proies ou injecter le venin.

Dard : pointe très fine, située sur la tête ou la queue des insectes ou des scorpions, et permettant de transpercer la chair des proies et de leur injecter un venin.

Désert : région sèche recevant moins de 25 cm de précipitations annuelles.

Diurne : actif durant la journée.

Espèce : groupe d'animaux partageant des caractéristiques communes. Les individus d'une même espèce sont capables de se reproduire entre eux et d'élever leurs petits. En principe, il y a peu de croisements entre les espèces, mais cela arrive exceptionnellement. L'espèce est l'unité de base dans la classification des animaux et des plantes.

Extinction (espèce) : disparition complète d'une espèce, jusqu'au tout dernier spécimen connu.

Forêt tropicale : forêt qui reçoit au moins 250 cm de précipitations annuelles et qui est située dans les régions dites « tropicales » du globe.

Gastrolithes : pierres contenues dans l'estomac de certains animaux, tels que les crocodiles, leur permettant de broyer les aliments pour faciliter leur lente digestion.

Griffes : ongles courbes et tranchants que l'on observe à l'extrémité des pattes de nombreux animaux. Ils s'en servent pour attraper leurs proies, pour creuser ou grimper.

Herbivore : animal qui se nourrit essentiellement de plantes. La plupart des espèces chassées par les félins, tels que les antilopes, les lièvres ou les cerfs, sont des herbivores.

Incisives (dents) : dents de devant chez les mammifères. Les félins les utilisent quand il leur faut être précis, pour plumer un oiseau, par exemple.

Insectes : vaste groupe d'invertébrés, tels que les abeilles, les mouches et les fourmis. Le corps des insectes est composé de trois parties, auxquelles sont attachées six pattes et deux paires d'ailes.

Invertébrés : animaux dépourvus de colonne vertébrale, tels que les insectes, les araignées, les pieuvres, les méduses et bien d'autres.

Ligament : tissus épais qui relie les os entre eux.

Lignes latérales : bandes de capteurs sensoriels situés sur les flancs des poissons et des requins, qui leur permettent de sentir les changements de

pression ou les courants dans l'eau, ainsi que les vibrations.

Mammifère : groupe de vertébrés qui nourrissent leurs petits avec du lait. Les félins, les canidés, les rats, les singes, les baleines et même les humains, tous ces animaux couverts de fourrure ou de poils sont des mammifères.

Mandibules : parties de la gueule de certains insectes leur servant à saisir et à broyer la nourriture.

Menacées (espèces) : espèces qui risquent de disparaître si les humains ne prennent pas les mesures adéquates pour les protéger.

Meute : groupe d'animaux d'une même espèce qui chassent ensemble, comme le font par exemple les canidés.

Milieu : là où vivent les animaux sauvages, par exemple les prairies ou les forêts. Le milieu naturel d'un animal lui apporte en principe tout ce dont il a besoin : nourriture, eau, abris et partenaires pour se reproduire.

Molaires (dents) : dents plates placées à l'arrière de la bouche des mammifères, qui servent à broyer les aliments.

Nocturne : actif la nuit.

Nutriments : composants chimiques de la nourriture, tels que les protéines ou les graisses, dont l'apport est indispensable aux animaux.

Oiseaux de proie : oiseaux mangeurs de chair, tels que les faucons, les aigles ou les hiboux.

Olfaction : sens de l'odorat.

Ongulés : grands mammifères dotés de sabots, tels que les éléphants, les rhinocéros, les chevaux, les cerfs, les antilopes, etc.

Ouïes : organes des poissons, comparables aux poumons, qui leur permettent de respirer sous l'eau.

Pampas : terme employé en Amérique du Sud pour qualifier les prairies.

Pédipalpes : membres du scorpion qu'il utilise comme des pinces.

Piquants : poils longs et très pointus qui enrobent le corps des porcs-épics, des échidnés, et de quelques autres mammifères.

Pique : longue pointe effilée capable de transpercer la chair et d'injecter du venin.

Plancton : minuscules plantes et animaux marins, appelés respectivement phytoplancton et zooplancton.

Poison : substance capable de provoquer des maladies, ou même la mort, lorsqu'elle est touchée ou ingérée, même en petite quantité.

Prédateur : animal qui chasse, tue et mange d'autres animaux pour assurer sa propre survie.

Proie : animal chassé, tué et dévoré par d'autres animaux, appelés prédateurs.

Pyramide alimentaire : c'est une représentation graphique simplifiée mettant en évidence que les prédateurs carnivores, en haut de la pyramide, sont plus rares que les animaux herbivores, eux-mêmes moins abondants que les plantes dont ils se nourrissent.

Rapaces : oiseaux de proie.

Reptiles : groupe de vertébrés couverts d'une peau sèche, écailleuse, tels que les lézards, les serpents, les tortues et les crocodiles.

Requins : groupe de vertébrés marins. Le squelette des requins n'est pas fait d'os, comme chez les autres poissons, mais de cartilage.

Rongeurs : groupe d'animaux qui comprend les rats et les souris. Ils sont les proies de nombreux prédateurs, oiseaux et mammifères.

Savane : étendue à la végétation clairsemée, qui mêle les herbes, quelques arbres et arbustes.

Serres : ongles longs et recourbés à l'extrémité des pattes des oiseaux de proie.

Steppe : prairies du nord de l'Eurasie.

Tentacule : membre long et souple chez les invertébrés marins, utilisé pour sentir, agripper et même injecter du venin.

Territoire : espace dans lequel un animal ou un groupe d'animaux de la même espèce vivent, et qu'ils défendent contre d'autres animaux de la même espèce, et en particulier du même sexe.

Troupe : troupe de lionnes accompagnées de leurs petits. Les mâles se greffent eux-mêmes sur ces troupes de femelles.

Venin : poison injecté par un animal dans le corps d'un autre, prédateur ou proie, à l'aide d'un crochet, d'une pique ou d'un dard. On appelle antidote le médicament utilisé pour soigner les personnes qui ont été piquées par un animal venimeux.

Vertèbres : os constitutifs de la colonne vertébrale, chez les vertébrés.

Vertébrés : animaux dotés d'une colonne vertébrale, tels que les poissons, les requins, les amphibiens, les reptiles, les oiseaux et les mammifères.

Index

A

Aigles 9, 48
Aigle de Haast 12
Aigles royaux 48-49
Aigrette noire 34
Ailes 18, 33, 49, 52
Albatros 61
Alligators 46-47
Amphiume 61
Anacondas 22-23
Anémones de mer 56, 57
Antennes 26
Araignées 28-29, 60
Argentonosaurus 10
Aye-aye 18
Azote 30

B

Bactéries 34-35
Baleine tueuse 54, 55
Baliste titan 57
Bec 48
Belette 61
Bernard-l'ermite 14
Bison 13, 58
Boa émeraude 50, 51
Bousier 59

C

Cachalots 22, 54
Caïman 46, 51
Calmars 55
Calmars géants 22
Camouflage 15, 28, 34-38, 46
Carnivores (plantes) 30-31
Chaîne alimentaire 8
Chasse 10
  En meutes 26-27
  Affût 34
  Oiseaux de proie 48
Chauves-souris 32-33, 50
Chiens sauvages 23
Cobra égyptien 21
Concombre de mer 60
Condors 48
Corail (barrière) 56-57
Cornes 14
Coquillages 14
Crâne 11, 17, 32
Crevettes 8, 25
Crocodile du Nil 46-47, 59
Crocodiles 22, 46-47, 50, 59
Cynognathus 10
Crochets 20-21, 29

D

Dard 20, 26, 27
Dauphins 26
Dents 10, 11, 16-17, 21, 22, 35, 38, 41, 42, 44-45, 46, 55
Déserts 52-53
Dinosaures 10-11
Dodo 12
Dragon de Komodo 34-35
Drosera 31

E

Échidnés 15
Éperviers 16, 48
Espadon 24
Étoiles de mer 56
Étoiles de mer « couronnes d'épines » 57

F

Faucons 48
Faucon pèlerin 24-25
Félins 38-39, 50
Flairer (une proie) 61
Flamant rose 16
Force 22-23, 40, 46, 47
Forêts tropicales 50-51
Fourmis 26-27
Fourmis lions 28

G

Gastrolithes 46
Gazelle de Thompson 58
Gavials 46
Geko de Malaisie 28
Géocoucou 52
Giganotosaurus 10
Gila 52 , 53
Girafes 59
Gnou bleu 58, 59
Grand requin blanc 44
Griffes 11, 18, 29, 38, 39, 40
Guépards 24-25, 52, 58

H

Hibous 18-19, 48
Homards 18
Hyènes 22, 58, 59

J

Jaguars 38, 50, 51

L

Langue 16, 35, 38
Léopards 38, 50, 59
Léopard des neiges 38
Lézards 9
  Venimeux 34-35, 52
Lions 8, 38-39, 58, 59
Loups 14, 32, 42-43, 52, 58

M

Mâchoires 10, 17, 22, 23, 26, 28, 31, 38, 42, 45, 47, 51, 55
Mako (requin) 61
Manchots 54
Mante religieuse 60
Martins-pêcheurs 48
Meutes 10
Mérous 56, 57
Milans 48
Milieu 30, 38, 50-59
Moas 12
Morsures 14, 20, 39, 43, 56
Morue 13
Murènes 26, 61
Mygales 28-29

N

Narines 23
Nez 33, 41-45
Nudibranches 60

O

Odorat 52
Oiseaux de proie 48-49, 50
Oreilles 32, 33, 43
Orques 54, 55
Orteils 19
Ours 18, 32, 40-1
Ours bruns 40
Ours noirs 40
Ours paresseux 40
Ours polaires 28, 40-1, 54

P

Pattes 19, 29, 42, 48
Perroquet 56
Phoques 28, 41, 54-55
Phoques crabiers 55
Physalies 21
Pic 16
Pieds 19, 48
Pièges 28-29, 30
Pieuvre aux anneaux bleus 56
Pigmentation 15, 38
Piques 15
Piranhas 50
Plumes 18, 49
Poils 30-31
Poisons 15
Poisson-pierre 21
Polaires (régions) 28, 40-41, 54
Polyphemus 15
Prairies 58-59
Prédateurs
Extinction 10-11
  Humains 12-13, 38, 40
  Le plus rapide 24-25
  Le plus gros 10
  Plantes 30-31
  Stratégie 34-35
  Taille 22-23, 35, 41
Proies
  Défenses 14-15
  Évolution 14
Ptérosaures 10
Pumas 9, 38

Q

Queue 10, 34, 46, 53

R

Renard de mer 44
Requins 8, 16, 32, 44-5, 56, 61
Requin-baleine 44
Requin-marteau 44, 57

S

Sabots 59
Salamandre tachetée 61
Sarracénie 30
Scorpions 20, 53
Seiche 57
Sens 32-33
Serpents 9, 20-21, 22-23, 32, 50, 52, 53, 61
Serres 18-19, 48
Silène 31
Skuas 54, 55
Sonar 32-33, 50
Sons 32, 42
Squalelet féroce 34
Sternes 16

T

Taille 22-23, 35, 41
Tarentules 60
Taupes à nez étoilé 32
Tentacules 21, 57
Tigres 13, 16-17, 38, 50
Toile (araignée) 29
Tortues géantes 12
Tritons géants 57
Tyrannosaurus 10

V

Vautours 58
Vautour de Turquie 52
Venin 20-21, 26, 27, 53, 56
Vers 60
Vibrations 29, 32
Vision 32, 48
  Stéréoscopique 49
Vitesse 24-25, 44, 46, 52
  Accélération 24, 38

Y

Yeux 18, 23, 29, 45

Crédits

L'éditeur remercie Alexandra Cooper pour sa contribution et Puddingburn pour l'index.

ILLUSTRATIONS
Couverture Christer Eriksson ; **dos** Christer Eriksson, Yvan Meunier/Contact Jupiter, Kim Thompson/Kingpin

Leonello Calvetti 5, 32–33, 52–53 **Christer Eriksson** 6–7, 16–17, 18–19, 42–43 **Gary Hanna** 5, 54–55, 56–57, 60, 61 **Ian Jackson/Kingpin** 1, 4, 5, 8–9, 20–21, 28–29, 34–35, 38–39, 40–41, 60, 61 **MBA Studios** 4, 26–27, 50–51 **James McKinnon** 10–11, 58–59 **Yvan Meunier Contact Jupiter** 3, 4, 22–23, 30–31 **Mick Posen/The Art Agency** 5, 36–37, 44–45, 46–47, 48–49, 60 **Claude Thivierge/Contact Jupiter** 4–5, 12–13, 16, 18, 61, 62–63 **Kim Thompson/ Kingpin** 14–15, 32, 60, 61

Illustrations complémentaires par : Jane Beatson, Martin Camm, Simone End, Marjorie Crosby Fairall, Ray Grinaway, Tim Hayward/Bernard Thornton Artists UK, Dr David Kirshner, Robert Morton, Barbara Rodanska, Chris Shields/The Art Agency, Roger Swainston
Illustrations des cartes : Andrew Davies

PHOTOGRAPHIES
Légendes : h = haut ; g = gauche ; d = droit ; hg = haut à gauche; hcg = haut centre gauche ; hc = haut centre ; hcd = haut centre droit ; hd = haut à droite ; cg = centre gauche ; c = centre ; cd = centre droit ; b = bas ; bg = bas à gauche ; bcg = bas centre gauche ; bc = bas centre ; bcd = bas centre droit ; bd = bas droit
APL = Australian Picture Library ; NPL = Nature Picture Library ; NHPA = Natural History Photographic Agency ; PL = photolibrary.com
10h APL ; 26bg NPL ; 20bg 28hd NHPA ; 32bd PL ; 46c NHPA ; 50bd cd PL ; 60hc PL

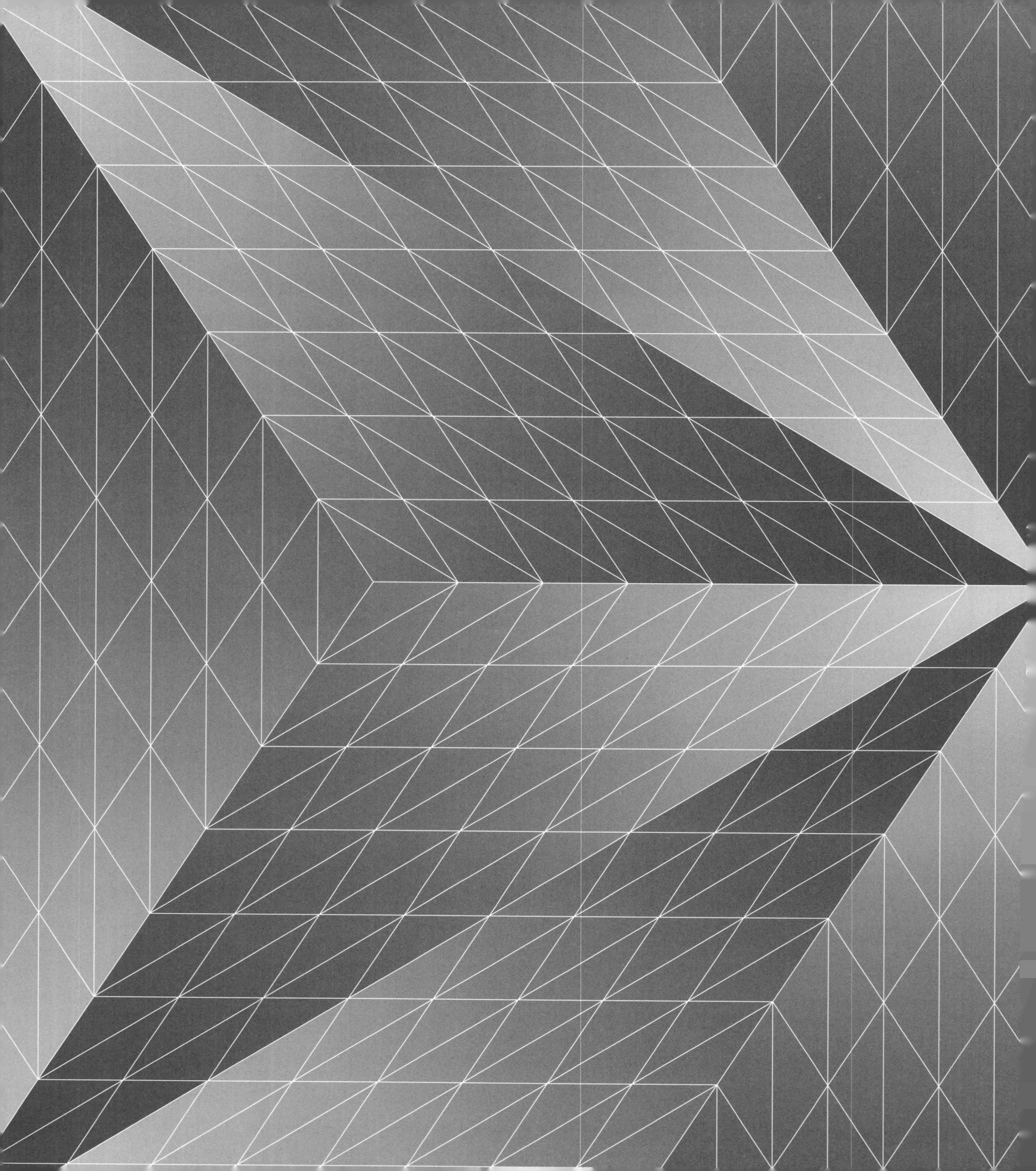